AF297046
L 27 n
35564

LE
R. P. BARBE

DE LA COMPAGNIE DE JÉSUS

MISSIONNAIRE A MADAGASCAR

MORT A TAMATAVE, LE 22 OCTOBRE 1883

PAR

L'ABBÉ LAMAIGNÈRE
PRÊTRE DU DIOCÈSE D'AIRE

Avec l'approbation de Mgr l'évêque d'Aire et de Dax.

PARIS

LIBRAIRIE H. OUDIN ÉDITEUR

17, RUE BONAPARTE, 17

(A POITIERS, 4, RUE DE L'ÉPERON, 4)

1885

LE R. P. BARBE

LE

R. P. BARBE

DE LA COMPAGNIE DE JÉSUS

MISSIONNAIRE A MADAGASCAR

MORT A TAMATAVE, LE 22 OCTOBRE 1883

PAR

L'Abbé LAMAIGNÈRE

PRÊTRE DU DIOCÈSE D'AIRE

Avec l'approbation de Mgr l'évêque d'Aire et de Dax.

POITIERS

TYPOGRAPHIE OUDIN

4, RUE DE L'ÉPERON, 4

—

1885

A SA GRANDEUR

MONSEIGNEUR DELANNOY

ÉVÊQUE D'AIRE ET DE DAX

Monseigneur,

Permettez-moi de venir déposer à vos pieds ces humbles pages écrites en toute simplicité, sous la dictée du cœur, à la mémoire d'un pauvre missionnaire qui, à l'exemple de son divin Maître, passa sur la terre en faisant le bien.

Le P. Barbe, dont j'ai essayé de retracer la vie si pleine et si féconde, ne fut pas un inconnu pour vous, Monseigneur. C'est un enfant de votre Diocèse, élevé en quelque sorte sur le cœur de N.-D. de Buglose et de N.-D. de Maylis; vous l'avez vu à l'œuvre sur les plages lointaines, s'immolant au salut des âmes avec un dévouement sans bornes, et plus d'une fois, dans vos paroles et dans vos écrits, vous avez décerné un public hommage à ses vertus.

Il ne me sera pas donné de m'agenouiller sur la tombe qui garde ses restes précieux ; mais j'éprouve une immense consolation à me dire que du haut du Ciel il acceptera comme un dernier témoignage de l'affection sans bornes que je lui avais vouée, les lignes destinées à faire revivre sa mémoire.

Il me semble, Monseigneur, que si vous daignez bénir ce petit travail, il pourra être présenté avec plus d'assurance aux nombreux amis qui l'attendent, et qu'il offrira quelque édification à ceux qui voudront le parcourir.

Bénissez-le donc, et bénissez en même temps celui qui ose se dire avec le plus profond respect et la plus filiale affection,

Monseigneur,

de Votre Grandeur

le très humble et très obéissant serviteur,

I. LAMAIGNÈRE,

vicaire de Saint-Sever.

Saint-Sever, le 25 janvier 1885.

ÉVÊCHÉ
D'AIRE

Aire, le 2 février 1885.

Mon cher Abbé,

J'ai lu avec un vif intérêt le manuscrit que vous m'avez présenté. J'y ai retrouvé, non sans émotion, la douce et sereine physionomie du courageux apôtre dont j'ai fait autrefois l'heureuse rencontre sur le théâtre de sa lointaine mission.

Je ne puis qu'applaudir au sentiment qui vous a porté à faire revivre, avec le nom de votre oncle si justement vénéré, le souvenir des vertus de l'humble missionnaire qui aimait tant à se cacher.

Ce sera, en même temps qu'une consolation pour ceux qui le pleurent, un sujet particulier d'édification pour le Clergé Landais, auquel, il m'en souvient, le R. Père Barbe se faisait gloire d'appartenir.

Agréez, mon cher Abbé, la nouvelle assurance de mon affectueux dévouement.

✝ *VICTOR, Évêque d'Aire et de Dax.*

INTRODUCTION

Ces pages n'étaient pas destinées à la publicité; écrites sous le coup de la plus vive émotion, au lendemain d'un événement qui enlevait à l'Église un de ses plus infatigables ouvriers, à la Mission de Madagascar un de ses plus vaillants apôtres, et plongeait toute une famille dans le deuil, elles ne devaient pas sortir des limites d'un cercle intime d'amis.

L'accueil si bienveillant qu'elles ont reçu, les pressantes instances qui nous viennent de la part d'hommes éminents dont les conseils furent toujours pour nous des ordres, l'idée qu'ils nous suggèrent de mettre dans un plus grand jour la vie d'un homme de Dieu, et surtout l'assurance qu'ils nous donnent de contribuer pour notre part à la gloire de Dieu et à l'édification des âmes, nous décident à courir les risques d'une entreprise que nous jugerions imprudente si l'initiative nous en était due.

On ne nous en voudra donc pas de nous être lancé, malgré l'inexpérience de notre âge, dans la voie qui nous a été ouverte. Si nous sommes téméraires, c'est de la témérité du bien.

Ne vivons-nous pas dans *des jours mauvais, où les individus comme les nations ont frémi contre Dieu et contre son Christ?* Lorsque les méchants s'acharnent à détruire dans les âmes le règne de Dieu dont nous demandons chaque jour l'avènement, n'est-il pas du devoir de ceux qui par vocation défendent la bonne cause de travailler à le réédifier?

Dans les désastres publics, la main d'un enfant, si faible qu'elle soit, n'est pas repoussée, pour peu qu'elle puisse aider à réparer les ruines. Cette part de l'enfant, la dernière de toutes, nous la réclamons pour nous dans l'œuvre de Dieu, aujourd'huî battue en brèche de tous côtés, et nous nous en contentons. Celui *qui voit dans le secret* et récompense le *verre d'eau froide donné en son nom* nous laissera peut-être la consolation d'être auprès des âmes que tant d'autres s'obstinent à perdre, l'instrument de quelque bien dont il nous sera tenu compte.

Et maintenant nous marchons avec confiance,

fort des encouragements que nous avons reçus et surtout de l'approbation de notre évêque.

Puissent ceux qui parcourront ces lignes être dans l'heureuse nécessité de répéter, en lisant la vie du saint missionnaire que nous écrivons, ce que les disciples d'Emmaüs se disaient après le passage de Notre-Seigneur : « N'est-il pas vrai que notre cœur était tout enflammé pendant qu'il s'entretenait avec nous ? »

Ce sera notre plus douce récompense ; nous n'en ambitionnons pas d'autre.

LE

R. P. BARBE

DE LA COMPAGNIE DE JÉSUS

MISSIONNAIRE A MADAGASCAR

MORT A TAMATAVE LE 22 OCTOBRE 1883

———◦———

La main de Dieu s'appesantit sur la Mission de Madagascar, et les épreuves qui l'accablent seraient de nature à porter le découragement dans le cœur de ses ouvriers apostoliques, s'ils ne savaient que la croix est le sceau des œuvres divines et le gage du succès.

Ce n'était pas assez que la rude concurrence du protestantisme vînt ralentir le développement de l'Evangile dans ces contrées lointaines, que l'hostilité sournoise et mal déguisée du gouvernement malgache entravât son action; il fallait encore qu'aux difficultés semées à profusion par l'esprit du mal sur les pas de nos missionnaires, s'ajoutât la plus terrible des calamités. Le vent de la persécution a passé sur la grande île africaine, chas-

sant de la capitale et des postes qu'ils avaient si péniblement conquis tous nos prêtres catholiques. Ils ont suivi pendant 20 jours, au milieu de fatigues, de privations et de souffrances de tout genre, la voie douloureuse qui sépare Tananarive de Tamatave. Plusieurs, comme autrefois Notre-Seigneur sur le chemin du Golgotha, sont tombés sous le poids de leur douleur, mais pour se relever aussitôt; ce n'était que dans la ville bloquée et occupée aujourd'hui par les Français que devait se dresser pour eux la Croix du Calvaire. Et c'est le Père Barbe, un enfant du diocèse d'Aire, qui le premier est appelé à faire le sacrifice de sa vie, le 22 octobre 1883, après trois jours de maladie, dans la cinquante-troisième année de son âge.

La douleur profonde que sa mort a causée, les pieuses démonstrations des chrétiens auprès de sa couche funèbre, la magnificence de ses funérailles, le concert d'éloges qui s'est fait autour de sa tombe, les regrets unanimes de tous ceux qui l'ont connu, nous permettent d'affirmer que sa mort laisse un vide immense dans les rangs si cruellement décimés des apôtres de Madagascar. Aussi, nous souscrivons bien volontiers à la parole que le R. P. Cazet, Préfet Apostolique de la Mission, nous envoie pour nous consoler, et qui à elle seule nous paraît le plus éloquent des panégyriques : la mort du P. Barbe est pour nous un malheur pour ainsi dire irréparable.

CHAPITRE Ier.

ENFANCE DU P. BARBE; — SA PREMIÈRE COMMU-
NION; — SA VOCATION; — LE PETIT SÉMINAIRE
D'AIRE; — LE GRAND SÉMINAIRE DE DAX.

Firmin Barbe naquit le 25 septembre 1830, à Doazit, grande paroisse du diocèse d'Aire, à 3 kilomètres du sanctuaire de Notre-Dame de Maylis. Il eut le bonheur d'appartenir à une de ces familles chrétiennes et patriarcales, si rares aujourd'hui, qui placent en première ligne la religion et l'honneur. Son père, vrai type d'honnête homme, jouissait de la considération générale, et pendant 36 ans il dirigea, comme maire, les affaires de sa commune avec un tact et une délicatesse qui lui valurent la reconnaissance et l'affection de tous ses administrés. Il était surtout profondément chrétien, et ses enfants se souviennent encore qu'un jour, une grêle épouvantable ayant dévasté ses terres, il s'écria à la vue des ravages du terrible fléau, les yeux levés au ciel: « Dieu nous avait tout donné ; il nous a tout enlevé : que son saint nom soit béni! »

L'épouse de M. Barbe, Catherine Dubroca, était une femme douce et pieuse, alliant à une grande bonté une fermeté incapable de transiger avec les exigences du devoir, tout entière renfermée dans le soin de sa maison. Elle donna le jour à dix enfants, dont trois s'empressèrent, quelques jours après leur naissance, de s'envoler au ciel avec les anges; l'aîné des sept qui survécurent devint prêtre, et mourut en 1875 à la tête de l'importante paroisse de Tilh, aimé de Dieu et des hommes, laissant après lui une mémoire pleine de bénédiction. Il avait été devancé dans la tombe par sa sœur aînée et le plus jeune de ses frères, tombé en héros au service de la France pendant la guerre de 1870. La mort de notre missionnaire réduit à trois les membres de cette famille autrefois si nombreuse : un frère qui garde la maison paternelle, et deux sœurs : l'une, la mère de celui qui écrit ces lignes ; l'autre, Mlle Carmelle, que le P. Barbe appelait sa sœur chérie, sa sœur bien-aimée, la confidente de ses joies et de ses peines. Nous la retrouverons plus d'une fois dans le cours de ce récit.

Dans cette douce atmosphère de la famille, les riches qualités du jeune enfant ne tardèrent pas à se développer, et de bonne heure il fit concevoir les plus belles espérances à ceux qui purent admirer sa tendre piété, son humeur toujours égale et l'aménité de son caractère. Rien ne saurait donner une idée de la délicatesse de sa conscience, et ce n'est pas sans une grande consolation que nous avons entendu un de ses amis nous dire qu'il avait dû apporter intacte l'innocence du baptême au banquet de la première communion.

La veille de ce grand jour fut marquée par un incident extraordinaire, et d'ailleurs si grave que nous ne pouvons le passer sous silence. Sa naissance avait eu quelque analogie avec celle de saint Louis de Gonzague, et ses yeux voyaient à peine la lumière, qu'au milieu des dangers qui menaçaient les premiers instants de sa frêle existence, il fallut se hâter de lui donner le baptême. Mais celle qui avait versé sur son front l'eau régénératrice se rappela, en voyant le jeune communiant se préparer avec une ferveur angélique au plus grand acte de sa vie, l'agitation et le trouble qu'elle avait éprouvés auprès de son berceau. Et elle se disait à elle-même : « Quel dommage si à cause de moi cet enfant n'était pas réellement baptisé ! » Et elle courut faire part de son doute au curé de la paroisse, le vénérable M. Priam, qui n'hésita pas un instant et renouvela le baptême sous condition. Le pauvre enfant, tout étonné de cette cérémonie d'un nouveau genre, tomba à genoux et se soumit à tout ce qu'on lui demandait ; mais bientôt, faisant retour sur lui-même et interrogeant le mystère de ses premières années, il va se jeter tout en larmes dans les bras de sa sœur, et, lui montrant son front encore humide, lui raconte ce qui vient de se passer. « Ne te lamente donc pas, lui dit, pour le consoler, la théologienne de 14 ans ; M. le curé s'est demandé si quelque formalité essentielle n'avait pas été omise dans ton baptême, et dans cette crainte il t'a rebaptisé sous condition. Si ton premier baptême a été valide, l'eau qui vient de couler sur ton front a glissé sur ton âme comme sur une table de marbre ; s'il ne t'a pas été validement conféré, tu es bien heureux ; l'innocence est dans ton âme, et le regard de Dieu n'y découvre en ce moment aucune tache. » L'enfant fut convaincu ; sa sérénité revint, et le lendemain il communiait comme un ange.

A partir de ce jour, il se sent vivement saisi et travaillé par la grâce, et il surprend dans son cœur des aspirations secrètes qui lui annoncent que Dieu fera en lui de grandes choses. Son imagination d'enfant lui montre l'autel du Seigneur tout environné de charmes qui l'attirent, et il se demande, timidement d'abord, et ensuite avec confiance, si lui aussi ne pourra pas un jour, comme un de ses oncles et comme son frère aîné, entrer dans le sanctuaire.

Il y avait dans sa parenté un enfant de son âge, Paul Benquet, qui suivait les cours du petit séminaire. Pendant les vacances, les deux amis ne se quittaient pas ; ils avaient toujours des secrets à se communiquer, et nul n'était admis dans leurs confidences ; l'avenir devait révéler ce qui se tramait dans ces pacifiques complots.

Un jour d'automne, Firmin cueillait des noix avec ses sœurs ; il parlait peu et paraissait en proie à une grande préoccupation. Soudain il sort de sa rêverie, se relève, porte la main à son front, et, les yeux fixés au Ciel, il s'écrie d'un ton de voix étrange : «Ah ! si je pouvais arriver à la réalisation de mes désirs ! » Et appuyé contre le noyer dont le souvenir ne quittera plus sa mémoire, et que vingt ans plus tard, dans sa candeur naïve, il viendra embrasser comme un ami de vieille date, il regarde ses sœurs et semble leur demander conseil et appui. Mais elles ne comprennent rien à l'obscurité de son langage et l'obligent à s'expliquer ; il avoue alors qu'il veut, comme son ami Paul, aller au séminaire et devenir prêtre, et il les supplie de l'aider à obtenir l'agrément de leur père. Le soir, toute la famille était réunie autour du foyer ; Firmin parlait peu ; ses yeux se reportaient tour à tour sur son père et sur ses sœurs ; son cœur battait avec force, ses traits légèrement contractés accusaient dans son âme une grande agitation ; il épiait le moment favorable où il pourrait formuler ses désirs. Sa sœur aînée vit son embarras et vint à son secours en prenant la parole à sa place. — « Mon père, dit-elle, Firmin a une chose importante à vous confier ce soir : il hésite à vous le dire. — Parle donc toi-même, dit le vieillard à son enfant, en le regardant avec bonté ; qu'as-tu à craindre ?

— Mon père, lui dit-il alors, je voudrais bien aller au séminaire, si tel était votre bon plaisir. — Mon enfant, reprit M. Barbe, as-tu sérieusement pensé à ce que tu demandes ? Va immédiatement te jeter au pied de ton crucifix, et supplie le Seigneur de t'éclairer ; pendant cette semaine, autant de fois que cela te sera possible, tu iras te prosterner devant la croix, et dans trois jours tu me diras tes réflexions. » — Trois jours après, l'enfant venait trouver son père et lui disait : « Ma décision est irrévocable ; si vous me le permettez, je serai prêtre un jour. » Et cette réponse lui fut faite : « Enfant, va où Dieu t'appelle. » Les vacances touchaient à leur fin, on était dans la seconde quinzaine d'octobre ; le 3 novembre, Firmin, au comble de ses vœux, entrait au petit séminaire d'Aire.

Nous n'avons pas l'intention de suivre pas à pas le futur missionnaire dans cette vie dont tous les jours se ressemblent ; nous voulons dire seulement que dès le début il se montra ce qu'il ne devait jamais cesser d'être dans la suite, un élève parfait, tout entier à l'accomplissement de ses devoirs, plein de respect pour ses maîtres et d'affection pour ses condisciples. Il n'oublia jamais dans la suite ceux qui furent ses premiers éducateurs et ses amis de séminaire. De loin le regard de son cœur les suivait ; et nous avons trouvé, après sa mort, dans son bréviaire, une image qui chaque jour lui redisait le nom de tous ses anciens compagnons d'étude.

Dieu et les âmes ! voilà quelle fut toujours sa devise ; voilà ce que, même au petit séminaire, il avait constamment devant les yeux, et de bonne heure il sentit s'allumer dans son cœur les ardeurs du feu dévorant que Dieu est venu apporter sur la terre. Aussi, en attendant qu'il puisse franchir les mers, et réaliser le projet qu'il a conçu devant l'autel de Marie, dans l'église du Mas, d'aller évangéliser les peuples sauvages, pendant les vacances il s'essaie à devenir apôtre ; il réunit pendant la récréation les enfants du village et leur fait le catéchisme. Les parents, ravis de ses bonnes dispositions, de la précocité de son zèle et de ses aimables vertus, pouvaient se demander ce que deviendrait le jeune séminariste. Et les hommes, édifiés de sa vie toute sainte, témoins de ses progrès rapides dans la voie du bien, auraient pu répondre : Il sera grand devant le Seigneur ; car la main de Dieu est avec lui.

Le P. Barbe garda toujours une large place, dans ses affectueux souvenirs, à la maison où commencèrent à se développer, sous le regard de Dieu et avec les soins de ses maîtres, les germes de sa vocation. Et lorsque, en 1867, il partait pour Madagascar, il écrivait de Marseille, au moment de s'embarquer : « J'ai cru de mon devoir, « en passant à Aire, d'aller faire mes adieux à ce « cher petit séminaire où j'ai passé dans le bonheur les plus belles années de mon existence ; ce « que j'ai revu avec plaisir surtout, c'est l'autel « de la Sainte-Vierge devant lequel, il y a 20 ans, « Dieu m'inspira par Marie la pensée d'aller un « jour aux Missions étrangères. Comme j'ai remercié la Reine des apôtres d'une grâce si insigne ! En la priant de la confirmer, je l'ai conjurée de faire de moi un missionnaire selon le « Cœur de Jésus, et de m'aider à convertir des « milliers et des milliers d'infidèles. »

Notre héros ne connut jamais ces transes vraiment terribles par lesquelles passe bien souvent la vocation d'un jeune homme dont Dieu demande le cœur, et qui le dispute au monde, avide, lui aussi, de le posséder : lutte terrible où la victoire reste quelquefois à l'ennemi de tout bien. Lorsqu'il se donna pour la première fois, ce fut avec une générosité sans bornes, et jamais la pensée ne lui vint de se reprendre.

Aussi, il n'eut pas longtemps à réfléchir pour décider si, après avoir achevé sa rhétorique, il entrerait au grand séminaire de Dax. Il y arrivait en 1851, déterminé plus que jamais à devenir un saint : c'est ce qu'il avait demandé à Notre-Dame de Maylis dans ses fréquentes visites au sanctuaire de la Madone. Ce qui lui souriait dans son nouveau séjour, c'était le voisinage de Notre-Dame de Buglose, et l'espérance assurée qu'il avait d'en faire souvent le but de ses promenades. Buglose ! Que de souvenirs ce nom bien-aimé réveillait dans son âme ! Dans toutes ses lettres il tombe de sa plume, et lorsque, après 14 ans d'absence, il reviendra au pays natal, c'est à Buglose qu'il donnera rendez-vous à sa famille. Marie lui a accordé tant de grâces dans sa chapelle, qu'il ne laissera passer aucune occasion de lui témoigner sa reconnaissance.

Un jour, sa sœur vint lui rendre visite au grand séminaire de Dax, et fut toute surprise de voir qu'il avait considérablement grandi ; elle ne put s'empêcher de lui faire part de son étonnement, et alors le visage de son frère devint radieux. « Ecoute, ma chère sœur, lui dit-il, j'ai une petite confidence à te faire. Tu le sais, mon désir formel a toujours été de devenir missionnaire dans les pays étrangers ; toutefois une difficulté paraissait devoir mettre obstacle à l'exécution de mes desseins. Je me trouvais de trop petite taille, et il m'a toujours semblé qu'un prêtre ne doit rien avoir d'irrégulier dans sa personne pour réaliser auprès des âmes la plus grande somme de bien. J'ai été confier ma peine à Notre-Dame de Buglose, et, tu le vois, la parole de saint Bernard s'est une fois de plus réalisée : On ne demande rien à Marie sans l'obtenir. Et maintenant je ne vois plus ce qui pourrait m'arrêter. Dieu me veut entièrement à lui, et bien des fois déjà je lui ai dit comme autrefois Samuel : Parlez, Seigneur, car votre serviteur écoute ; je n'attends plus que le dernier mot de celui qui dirige mon âme. »

Le jour ne tarda pas à venir où toute liberté lui fut donnée ; après quelques mois passés au grand séminaire de Dax, auprès des éminents Pères Jésuites qui en avaient la direction, et dont les noms, si populaires encore dans nos Landes, rappellent la sainteté et la science sacerdotales portées à leur plus haut degré, il allait entrer à l'école où ils avaient été formés.

Toutefois, avant de voir les portes du noviciat s'ouvrir devant lui, une rude épreuve l'attendait ; l'enfer s'apprêtait à lui livrer un dernier et redoutable assaut. Il s'agissait d'annoncer à ses parents sa résolution définitive, et il n'ignorait pas la blessure profonde qu'il allait ouvrir dans leurs cœurs. La veille du départ, toute la famille était réunie au grand complet ; l'angoisse étreignait toutes les âmes. Le jeune homme, dont l'affection pour tous ceux qui l'entouraient était sans bornes, et qui portait en lui, comme ses lettres nous le révèleront plus tard, des trésors d'inépuisable tendresse, souffrait cruellement. Il jetait les yeux sur son père qu'il ne reverrait plus, sur sa mère dont les larmes avaient de la peine à se dissimuler, sur ses sœurs qu'il était sur le point de quitter. D'un autre côté, son imagination interrogeait l'avenir : il pensait aux longues années de labeurs qui allaient le préparer à son apostolat, aux mers qu'il faudrait franchir, aux privations et aux sacrifices de tout genre qui sont le partage du missionnaire ; il sent une lutte terrible se livrer dans son cœur. S'arrachant violemment à la tentation, tout en larmes il court à l'église se jeter devant l'autel de Marie. Il prie, il pleure longtemps ; peu à peu, la tempête s'apaise, le calme revient, il rentre au foyer avec sa sérénité habituelle, et le lendemain, le cœur brisé, mais résigné à la volonté divine, il s'arrache à tout ce qu'après Dieu il aimait le plus sur la terre, et prend avec son frère, alors curé à Montaut, la route de Toulouse. Son père, comme autrefois Abraham, voulut consommer le sacrifice ; il accompagna son fils au noviciat, le remit lui-même entre les mains des Supérieurs, l'embrassa et lui donna sa bénédiction. Ce fut pour la dernière fois ; le père et l'enfant ne devaient plus se revoir qu'au Ciel.

CHAPITRE II.

LE P. BARBE AU NOVICIAT DE TOULOUSE.

Entré dans une vie toute nouvelle, le jeune novice comprit bien vite la sublimité de sa vocation, et, afin de répondre aux desseins de Dieu qui l'avait arraché au monde pour l'amener dans la solitude, il n'eut plus d'autre souci que d'arriver à l'idéal de perfection marqué par saint Ignace à tous ceux qui veulent devenir ses disciples. Mais écoutons-le lui-même ; il se dépeint au naturel, dans une lettre qu'il écrit à sa sœur, avec sa générosité sans bornes, sa confiance illimitée dans la prière, sa piété toujours tendre, sa charité fraternelle, et sa simplicité d'enfant. Nous lui cédons la parole :

« Toulouse, le 3 avril 1854.

« Ma bien chère sœur,

« Voilà déjà plusieurs mois écoulés depuis notre
« triste séparation, et il me semble qu'il n'y a que
« quelques jours que j'étais au milieu de vous, tant
« les impressions douloureuses que j'ai ressenties
« sont encore vives, tant la vie s'écoule rapidement.

« Si tu as lu la lettre que j'ai adressée derniè-
« rement à notre famille, tu as dû voir qu'il y est
« question d'un événement important qui bientôt
« va s'accomplir au noviciat de Toulouse. Depuis
« bien longtemps, seul il fait le sujet de nos con-
« versations ; nous le voyons arriver avec un plaisir
« mêlé de crainte, parce que de son bon ou de son
« mauvais résultat dépend entièrement notre avenir.
« Aussi nous y préparons-nous avec tout le soin
« possible ; tous, hommes, anges et saints sont invités
« à nous prêter leur concours au moment solennel.
« De quoi s'agit-il donc ? Tu m'as déjà deviné,
« ma bonne sœur : je veux parler de notre grande
« retraite qui est à la veille de s'ouvrir. Elle doit du-
« rer environ 30 jours ; pendant ce temps, on garde
« un silence absolu, même pendant la récréation ;

« chaque jour on fait quatre ou cinq méditations ;
« puis on s'examine, on se travaille, on se tourne,
« on se retourne, jusqu'à ce qu'on arrive à se bien
« connaître soi-même ; enfin on s'applique à
« détruire ce qu'il y a de mauvais dans le cœur,
« et on jette les fondements de l'homme nouveau.
« Mais tu le comprends, l'homme ne peut rien ou
« presque rien dans une affaire en même temps
« si sérieuse et si difficile ; c'est Dieu qui doit
« tout faire par sa grâce toute-puissante. Nous
« devons donc la lui demander avec instance,
« le presser, le fatiguer tous ensemble par de con-
« tinuelles supplications, afin qu'il commence lui-
« même et qu'il achève le grand travail qui va
« bientôt s'opérer en nous. C'est pourquoi, sœur
« bien-aimée, permets-moi de venir aujourd'hui
« faire appel à ta pieuse générosité, et te deman-
« der de me faire une large part dans tes aumô-
« nes spirituelles ; j'en ai tant de besoin pour moi
« et pour les autres novices, mes frères ! Oui, tu
« prieras, n'est-ce pas ? pour nous tous ; j'ose te
« l'assurer, tu n'y perdras rien. Chaque jour donc
« fais monter tes vœux vers le ciel, en t'aidant sur-
« tout de ton rosaire ; et si je ne craignais pas
« d'abuser de ta bonté, je te demanderais une
« communion dans la chapelle de Notre-Dame de
« Buglose ou du moins dans celle de Notre-Dame
« de Maylis. Adjoins-toi, si tu veux, quelques-unes
« de tes pieuses amies, comme il y en a tant dans
« la paroisse que tu habites. Ce que je te recom-
« mande surtout, c'est de prier notre bon frère
« de vouloir bien se souvenir de nous au saint
« autel, et d'offrir deux fois le saint sacrifice de la
« messe pour le succès de notre entreprise.

« Maintenant je veux te parler un peu de la

« vie que je mène au noviciat. Toujours gai, tou-
« jours content, toujours heureux, voilà mon état
« habituel. Des soucis, des peines, des tristesses,
« des ennuis, tu le sais, il y en a partout, mais
« moins ici, je crois, que partout ailleurs. S'il
« arrive quelquefois que des pensées sombres
« viennent traverser notre esprit et nous jettent
« dans la désolation intérieure, il faut qu'elles
« s'en aillent bien vite. La grâce de Dieu, la gaîté
« toujours aimable des frères qui vivent avec nous,
« les paroles consolantes de celui que le bon Dieu
« nous a donné pour nous servir de Père les ont
« bientôt dissipées. Il faut les oublier entièrement
« et ne songer qu'à rire, qu'à s'amuser, qu'à
« plaisanter avec les autres ; car ne te figure pas,
« ma bonne sœur, qu'il faille toujours être sérieux
« comme un moine. Il y a un temps pour tout.
« S'agit-il de travailler? Eh bien! c'est de tout
« cœur que nous nous mettons à l'œuvre ; mais
« quand il est question de se récréér, nous le fai-
« sons aussi de toute notre âme. Rien n'égale
« notre enjouement ; je voudrais que tu nous
« visses pendant une de ces récréations que nous
« passons au noviciat ; non, tu n'en croirais pas
« tes yeux. La joie rayonne sur tous les fronts,
« on cause gaîment, on rit avec entrain. Que veux-
« tu ? nous sommes comme des enfants, ni plus
« ni moins : enfants raisonnables sans doute,
« mais simples, naïfs, enjoués comme de vrais
« enfants.

« Nos promenades se font ici à l'instar de
« celles de Dax ; abandonnés à la seule garde de
« Dieu, nous partons après dîner pour ne rentrer
« qu'à 5 ou 6 heures ; pendant ce temps, nous
« nous en donnons de courir de notre mieux.

« Lorsque nous passons en ville, on nous
« a bientôt reconnus pour ce que nous sommes ;
« si on a quelque doute, on regarde la queue
« de notre soutane, et, en la voyant coupée,
« on ne manque pas de dire : Voilà des Jésuites !
« Quelquefois aussi, on fait bien entendre quelque
« *couac* ; mais, tu le comprends, cela ne nous cause
« pas une grande émotion. Autrefois, j'en aurais
« été un peu fâché ; aujourd'hui, quand pareille
« aventure nous arrive, nous en rions. Et de quoi
« ne rient pas les novices ? Il faut bien qu'il en
« soit ainsi ; ils ont le cœur content, l'âme
« en paix. Ah ! ma chère sœur, quand je pense
« au bonheur que j'éprouve depuis que je suis
« entré en religion, je ne puis assez remercier le
« bon Dieu ; et si j'avais un souhait à faire à quel-
« qu'un, ce serait de lui désirer une félicité aussi
« pure que celle dont nous jouissons tous ici.....
« Adieu, ma bien chère sœur ! je t'embrasse
« dans les saints Cœurs de Jésus et de Marie.

« F. Barbe, S. J. »

Cette lettre se passe de commentaire ; mieux
que toutes les paroles, elle nous montre que le
jeune novice se jeta résolûment dans la voie où
la main de Dieu venait de le lancer, et qu'il
entendait marcher à pas de géant dans la carrière
qui s'ouvrait devant lui. Et qu'est-ce que Dieu
pouvait refuser à cette humilité profonde qui
arrachait à son cœur le cri de son impuissance
et mettait sur ses lèvres une prière continuelle ?
Aussi, comme l'édifice de la perfection s'élevait
rapidement dans son âme ! Sa vertu, non pas une
vertu de caprice ou de tempérament, mais une
vertu solide et réelle, prenait chaque jour de nouveaux accroissements. Pour lui, comme pour les

saints, servir Dieu, ce n'était pas boire à longs traits à la coupe des délices, s'asseoir à la table du Seigneur pour y goûter ces consolations sensibles dont tant de chrétiens superficiels ne savent pas se passer, et dont l'absence les laisse dans la désolation ; c'était prendre la croix de Jésus-Christ et le suivre, se renoncer soi-même ; en un mot, c'était souffrir et être méprisé.

Nous le laissons lui-même exposer sa théorie dans une lettre qu'il adresse à sa sœur; ne dirait-on pas qu'il transcrit, après l'avoir mise en pratique, une page de la Perfection chrétienne de Rodriguez ?

« Toulouse, le 14 juillet 1854.

« Ma bien chère sœur,

« Dimanche prochain, 16 juillet, la sainte Église
« célèbre la fête de Notre-Dame du Mont-Carmel;
« c'est la tienne par conséquent, puisqu'elle nous
« rappelle le jour anniversaire de ta naissance.
« Douce et pieuse fête que celle de la plus tendre
« de toutes les Mères et de la plus chérie de toutes
« les sœurs, surtout pour le cœur d'un fils et d'un
« frère qui connaît si bien et une Mère si bonne
« et une sœur si dévouée!

« Permets-moi donc de venir aujourd'hui, non
« plus comme autrefois avec des présents et des
« compliments, mais avec un cœur plein de charité
« toute fraternelle, te présenter mes vœux. Si je
« n'avais déjà neuf mois de noviciat, si je ne venais
« pas de passer 30 jours dans la retraite, je te
« souhaiterais peut-être, comme cela se pratique
« ordinairement, ce que le monde estime, aime et

« recherche, les plaisirs, les richesses, les honneurs,
« une longue vie, et que sais-je encore ? Mais
« l'expérience et la vérité montrent que ce n'est
« pas dans ces biens que se trouve le bonheur. Ah!
« chère sœur, que ne t'est-il donné de le comprendre
« et de le sentir comme il me semble que je le com-
« prends et que je le sens moi-même en ce moment!
« Oui, je crois fermement qu'il n'y a de véritable
« bonheur que dans la Croix de Notre-Seigneur
« Jésus-Christ, et je te l'avoue avec franchise (car
« avec toi je ne veux avoir rien de caché), je ne
« goûte jamais plus de satisfaction, de paix et de
« contentement que les jours où j'ai eu le plus à
« souffrir. Qu'est-ce à dire? Quoi? Le jour de ta fête,
« jour pour toi sans contredit le plus beau de tous les
« jours de l'année, je n'aurais pas à te souhaiter
« autre chose que des contradictions et des souf-
« frances? A la vérité, si le bon Dieu te jugeait digne
« d'une telle faveur, il n'y aurait pas de sort plus à
« envier que le tien. Tu connais sans doute ce mot
« si remarquable d'une des filles les plus dévouées
« à Notre-Dame du Mont-Carmel, sainte Thérèse:
« Ou souffrir ou mourir. Pendant 20 ans elle a été
« exaucée; car elle n'a cessé d'être en butte à toute
« sorte de peines, de souffrances, d'injures, de ca-
« lomnies, de sécheresses épouvantables, à tel point
« que pour faire oraison elle était obligée de s'at-
« tacher à son prie-Dieu. Et néanmoins quelle est
« la personne, quelle est la femme surtout qui, fai-
« sant profession, de piété n'a pas demandé bien
« des fois au Ciel de ressembler à une sainte si
« admirable? Souffrir ou mourir, voilà le moyen
« de parvenir à une fin si noble : souffrir, non pas
« les peines du gibet ou de l'échafaud, non pas les
« tortures du martyre, mais les ennuis, les contra-
« dictions que chacun rencontre à chaque pas dans

« la vie ; mourir tous les jours à l'exemple de
« l'Apôtre, à soi, à son amour-propre et à l'es-
« time du monde. Cette leçon a été bien com-
« prise de ces âmes privilégiées qui , après
« avoir dit adieu à tous les plaisirs et à toutes les
« jouissances du monde, sont venues se renfermer
« dans une maison de retraite et de solitude où elles
« passent leurs jours dans la prière et la paix du
« Seigneur. Les hommes, dans leur ignorance et
« leur aveuglement, regardent ces personnes
« comme tout à fait malheureuses ; mais qu'ils sa-
« chent bien qu'il n'y a pas de bonheur sur cette
« terre comparable au leur. Vraiment, je mets en
« fait que si on savait les douceurs qu'on goûte
« dans la vie religieuse, le monde deviendrait dé-
« sert, et les monastères auraient peine à conte-
« nir les multitudes qui viendraient y chercher asile.
« Pour mon compte, je t'avoue, ma bien chère
« sœur, que de toutes les grâces qu'il a plu à Dieu
« de me faire jusqu'à ce jour, il n'en est aucune
« que j'estime autant que celle de ma vocation à
« l'état religieux. Il me semble qu'avec les idées
« que j'ai eu ce moment je ne ferais pas difficulté,
« si je ne le pouvais pas autrement, de parcou-
« rir à deux genoux le chemin de Doazit à Tou-
« louse pour obtenir la faveur d'être admis dans la
« Compagnie de Jésus. »

On le voit, c'était de tout son cœur que le jeune
Frère était attaché à sa nouvelle famille, et il ne se
passait pas de jour qu'il ne demandât de mourir
dans son sein. Il plaignait amèrement ceux qui,
fatigués du joug de l'obéissance, redemandent la
liberté dont ils avaient une première fois fait le généreux sacrifice, et un jour, avec cette franchise qui
le caractérisait, il reprochait à son frère d'avoir ap-

pelé dans sa paroisse pour y prêcher le Carême, un prêtre qui avait quitté la Compagnie. « Je ne « vous conseillerai jamais, lui écrivait-il le 24 juin « 1874, de prendre pour évangéliser votre peuple « un *moine* défroqué; si ces hommes sortent de la « religion par leur faute, l'Esprit du Seigneur « n'habite plus pleinement en eux; c'est un fait « d'expérience, et malheureusement les exemples « ne sont que trop fréquents. » Pour lui, mourir sous le regard de Dieu et dans la famille de saint Ignace qui l'avait adopté, tel était son plus ardent et son unique désir. Il a plu à Dieu de le réaliser ; nous l'en remercions.

C'était beaucoup pour le pieux novice de travailler, avec la ferveur dont nous l'avons vu animé, au salut de son âme; mais il fallait encore plus à son zèle. Franchissant en esprit la distance qui le séparait de sa famille, il allait en quelque sorte se jeter aux genoux de chacun de ceux qu'il avait laissés, et le supplier d'avoir constamment devant les yeux la pensée des intérêts éternels. Il avait lu dans les Saints Livres cette parole que nous retrouvons souvent sons sa plume : « Celui qui ne prend pas soin de ceux de sa maison est pire qu'un infidèle et qu'un païen ». Aussi ne craint-il pas de prêcher à son père et à sa mère la résignation au milieu des sacrifices qu'il a plu à la volonté divine de leur imposer, de recommander humblement mais instamment à son frère de travailler sans relâche à la sanctification de son peuple, à sa sœur Augustine de veiller avec soin sur ses enfants et de cultiver les germes de vocation qu'il supplie le Seigneur de déposer dans le cœur de quelqu'un d'entre eux.

Mais c'est surtout avec sa sœur Carmelle qu'il se donne libre carrière. Il aurait voulu qu'elle devînt

religieuse ; mais Celui qui distribue ses dons comme il lui plaît en avait décidé autrement. « Je le vois,
« ma chère sœur, lui écrivait-il à la date du 14 juil-
« let 1854, tes prétentions se bornent à être dans le
« monde une bonne et fervente chrétienne. Oui,
« tu veux imiter ces vaillants soldats qui, regar-
« dant comme une lâcheté d'attendre et de com-
« battre les ennemis en restant derrière les rem-
« parts, vont les attaquer en pleine campagne, les
« mettent en déroute et remportent par suite une
« victoire plus signalée. A vaincre de la sorte, il y
« a plus de gloire, il est vrai, mais il y a aussi plus
« de danger. Quoi qu'il en soit, ton parti est pris ;
« il ne me reste plus qu'à t'encourager à pour-
« suivre une si glorieuse entreprise, à te souhaiter
« un heureux succès. Permets-moi cependant de
« t'exprimer plus en détail les vœux que mon cœur
« forme pour la réalisation de tes projets. Tu veux
« devenir une bonne chrétienne, c'est-à-dire que
« tu veux bien aimer le bon Dieu et sa sainte Mère,
« et travailler avec ardeur au salut de ton âme. En
« cela, je te loue, ma chère sœur ; mais ce n'est pas
« tout, ce me semble ; sainte Thérèse, dont je t'ai
« parlé en d'autres circonstances, non seulement
« s'est sauvée elle-même, mais encore a aidé d'au-
« tres âmes à arriver au Ciel, et elles sont plus
« nombreuses que celles que saint François Xavier
« a converties dans les Indes et le Japon. Je vou-
« drais donc que tu devinsses comme un apôtre
« dans les lieux où il plaira à la divine Providence
« de t'envoyer. Et comment cela ? par tes prières,
« par ton bon exemple, par quelque aumône, par
« quelque pénitence corporelle. Les œuvres que je
« te recommanderais (et pour les exercer tu n'as
« pas besoin de sortir de la paroisse de Doazit ou
« de Montaut) seraient la Propagation de la Foi,

« l'instruction des petits enfants, auxquels tu pour-
« rais enseigner le catéchisme, la visite des person-
« nes malades ou affligées. Que le bon Maître te
« bénirait si tu prenais à cœur un travail si impor-
« tant! Il t'a peut-être souvent engagée à l'entre-
« prendre dans ces moments si précieux où tu le
« possédais dans ton cœur. Consulte-le souvent, et
« pour cela rends, si c'est possible, tes commu-
« nions plus fréquentes que par le passé. Peu à
« peu, par suite des communications que tu auras
« avec ton Bien-Aimé, ton cœur s'enflammera de
« plus en plus et tu ne trouveras d'autre joie,
« d'autre satisfaction qu'à aimer et à faire aimer,
« Celui qui le mérite à tant de titres. »

Que sera, après plusieurs années de vie religieuse,
celui qui, à peine entré dans la carrière, est déjà
dévoré par la soif des âmes? Mais voilà deux ans
qu'il travaille exclusivement, et sans aucune préoccupation étrangère, à la sanctification de la sienne.
Le moment est venu où il doit donner aux autres
de sa surabondance. Le champ de l'apostolat commence à s'ouvrir devant lui ; ses supérieurs l'en-
voient, comme professeur, dans leur collège de
l'Aveyron.

CHAPITRE III.

LE COLLÈGE DE SAINT-AFFRIQUE.

Il y a une si grande différence entre la vie tranquille du noviciat et la vie agitée d'une maison
d'éducation, qu'il en coûte à une âme habituée à
une atmosphère toute faite de calme et de recueil-

lement, de se plier aux exigences d'une situation nouvelle. La piété du jeune professeur ne devait pas tarder à en faire la remarque. Voici en quels termes il en faisait la confidence à son frère :

« Vous qui avez l'expérience des choses, vous
« savez que la dévotion et la ferveur se perdent
« bien vite au milieu des occupations si multi-
« pliées de la vie du collège. Quand on y a
« passé quelque temps, on est tout étonné de se
« trouver si froid et si insensible pour les choses de
« Dieu. Aussi compté-je beaucoup sur les prières
« que vous faites pour moi ; de mon côté, j'offrirai
« pour vous au Seigneur mes misères, mes contra-
« dictions, mes impatiences et tout ce qu'il plaira
« au bon Dieu de m'envoyer. »

Si donc il n'avait consulté que son inclination, il aurait préféré à cette vie au grand jour et en apparence dissipante, la vie douce et cachée qu'il menait à Toulouse ; mais n'avait-il pas fait abnégation de sa volonté, n'avait-il pas promis à ses supérieurs une obéissance entière? Et d'ailleurs il ne devait pas tarder d'expérimenter par lui-même, dans son nouveau séjour, la vérité de cette parole tombée un jour des lèvres de saint Grégoire de Nazianze : « Les pratiques pieuses et les occupations extérieures, au lieu de se nuire, se prêtent un mutuel appui, et, comme les deux ailes d'un oiseau, nous portent à chaque instant auprès du trône de Dieu. »

Il est à croire que, travaillé par un immense besoin de faire du bien à tous ceux qui l'entouraient, le pieux jeune homme dut arriver avec de magnifiques rêves d'apostolat ; et, voyant qu'il n'atteignait pas les résultats caressés par son imagination, il souffre, et laisse l'impression pénible

qui l'oppresse, transpirer dans une lettre adressée
à sa famille. « Les pays de montagnes sont bien
« tristes durant la saison d'hiver, s'écrie-t-il ;
« j'avoue que pour ceux qui n'y sont pas nés il
« faut une grande grâce d'état pour y habiter
« avec plaisir. Mais Dieu soit loué ! elle ne me
« fait pas défaut.

« Si le climat seul était froid, le mal ne serait
« pas encore trop grand ; mais tout s'en ressent un
« peu. Ainsi, comme nous pouvons en juger par
« les enfants qui nous sont confiés, les cœurs sont
« peu expansifs ; on se demande même quelquefois
« si certaines poitrines battent sans cet organe,
« expression du sentiment et de l'amour. La piété
« porte avec elle ce caractère de froideur. On
« communie souvent à la vérité, on fait de lon-
« gues prières, on a des pratiques particulières de
« dévotion ; mais tout cela se produit sans ces
« dehors de ferveur qui vous édifient et vous re-
« muent profondément. Une seule fois j'ai vu ces
« enfants sortir de leur apathie ordinaire pour se
« laisser aller à des transports de joie et d'en-
« thousiasme ; c'était après les exercices de la re-
« traite : jamais je n'avais vu d'élans semblables.
« Oui, j'ose le croire, de riches trésors sont cachés
« au fond du cœur de ces enfants de la montagne ;
« mais il faut les déterrer. Priez, et aidez-nous à
« nous acquitter le mieux qu'il nous sera possible
« de notre tâche, pour la plus grande gloire de
« Dieu et le plus grand bien de nos chers élèves. »

Si autour de lui les succès ne répondaient pas à
ses efforts et surtout à ses désirs, il se dédomma-
geait en franchissant par le cœur la distance qui
le séparait de son pays natal ; là il était sûr de
trouver dans sa sœur une âme qu'il pouvait tra-

vailler à son aise, et qui ne demandait pas mieux que de se laisser diriger. Elle avait, dans une circonstance particulière, rencontré de grands ennuis, et, au milieu de la lutte, elle avait, pour lui demander conseil, fait ses confidences à son frère. Celui-ci, pour toute réponse, présente la croix de Jésus-Christ à ses yeux ; il verse dans les blessures faites à son âme le vin et l'huile du Samaritain, et lui parle avec une force tempérée d'une douceur et d'une affection qui amènent des larmes d'attendrissement à nos yeux. Qu'on en juge plutôt. « Quoi donc,
« ma chère sœur, lui écrivait-il, tu me dis que ton
« avenir te préoccupe? Montre-toi énergique,
« généreuse, invincible au milieu des épreuves
« difficiles par lesquelles il plaît à Dieu de te faire
« passer. Que la Croix de Jésus t'inonde de ces
« délices ineffables que le monde avec tous ses
« plaisirs ne saurait ni goûter lui-même ni com-
« muniquer aux autres ; qu'enfin toute ton ambition
« soit de marcher courageusement sur les traces
« de celle qui est ta mère et ta patronne, et dont
« toute la vie, comme celle de son Fils, a été une
« croix et un martyre continuels! Se préoccuper
« de son avenir ! mais n'est-ce pas manquer de con-
« fiance en Dieu? Sais-tu s'il y a pour toi un len-
« demain? Tiens, il y a quelques jours, j'ai vu
« mourir une jeune personne de 18 ans. Elle avait
« passé toute son année scolaire au couvent ; toutes
« ses classes étaient finies et bien finies, car elle avait
« obtenu six premiers prix dans la classe la plus
« élevée. Sa conduite ne laissait rien à désirer ;
« c'était l'élève la plus sage de tout le pensionnat.
« Aussi, il fallait voir comme sa mère, pauvre
« veuve ayant avec elle deux ou trois autres petits
« enfants, était fière et triomphante! Elle ne vi-
« vait que pour son Angélina : c'était le nom de

« la jeune fille. Déjà un mariage était projeté;
« cette famille, plongée dans le deuil par la mort
« du père, allait revivre dans la personne des deux
« nouveaux époux. Beaux rêves qui ne devaient
« pas se réaliser! Il y a environ deux mois, Angé-
« lina était saisie par une maladie de poitrine très
« sérieuse; ni l'art le plus habile, ni les prières
« les plus ferventes n'ont pu conjurer le mal; elle
« a cessé de vivre le jour de saint Jean. Il m'a été
« donné de la visiter plusieurs fois pendant sa
« maladie; elle m'a singulièrement édifié, et quand
« j'ai appris qu'elle avait rendu le dernier soupir,
« j'ai été prier auprès de ses restes avec son Père
« spirituel. En la voyant sur sa couche funèbre,
« je me suis mis à pleurer comme un enfant. Ne
« te scandalise pas, ma chère sœur, tu étais en par-
« tie cause de ma douleur; cette jeune personne
« te ressemblait tellement qu'il me semblait te voir
« en elle couchée sur ton lit de mort, et je pleurais.
« Ah! pour tout le bien que je te veux, je te sou-
« haite de mourir d'une mort semblable. »

Quelques jours avant de s'envoler au ciel, le
P. Barbe recommandait à son neveu qui lui faisait
part de ses préoccupations à son endroit, de
demeurer parfaitement en paix. « Dieu, disait-il,
ne me porte-t-il pas dans ses mains? A la vie, à la
mort; nous sommes au Seigneur. » Aussi, comme
saint Paul, il surabondait de joie au milieu de ses
tribulations, et toujours, dans l'adversité comme
lorsque tout réussissait au gré de ses désirs, il s'estimait réellement heureux. Ce bonheur qui était
comme l'état habituel de son âme, il le trouva
surtout au collège de Saint-Affrique. « Saint-
Affrique! écrivait-il un jour de la capitale de Madagascar au R. P. Provincial, que ce nom résonne

agréablement à mon oreille! Quel bonheur j'y ai goûté ! » On trouve donc tout naturel ce cri qui s'échappe de sa poitrine à la fin de son séjour dans cette maison tant aimée : « Il fait bon ici ; et si je « n'avais pas mes études théologiques à terminer, « si je n'aspirais pas toujours avec ardeur à aller « évangéliser les pays étrangers, vraiment, si cela « dépendait de moi, je serais bien aise de fixer ici « ma tente. Heureusement, nous sommes dispensés « de toute préoccupation pour le présent et pour « l'avenir, puisque Dieu se charge de tout par « l'entremise de nos supérieurs. Nous n'avons « qu'à laisser faire, et tout ira pour le mieux. Ainsi, « bien que je désire ardemment me mettre à même « de devenir prêtre au plus tôt, je me garderais « cependant de faire la moindre démarche, parce « que je ne voudrais pour rien au monde que la « volonté de Dieu ne s'accomplît pas en moi pleine « et entière. »

« Si on me demande ce que j'aurai à faire « cette année, je répondrai : Je n'en sais rien ; ce « que je deviendrai, je l'ignore. Dans quinze ou « vingt jours, je connaîtrai ce qu'on veut faire de « moi ; en attendant, que mes amis prient pour « moi afin que j'occupe convenablement la place « que Dieu me destine pour l'année qui va sui- « vre. »

Cette place que la main de Dieu devait lui dési- gner, c'était la maison de Vals.

CHAPITRE IV.

LE P. BARBE AU SÉMINAIRE DE VALS ; — SON RETOUR DANS SA FAMILLE.

Vals est un petit village situé à dix minutes du Puy. Les Pères Jésuites y possèdent un bel établissement, tellement disposé que ceux qui l'habitent y vivent comme dans une solitude complète. Difficilement on s'imaginerait combien le calme qui y règne porte au recueillement, à la prière et au travail. C'est là que ceux qui se destinent à prendre rang parmi les enfants de saint Ignace se livrent, sous la direction de maîtres éminents, aux fortes études qui les mettent en possession de ces trésors de science dont s'étonnent à juste titre les jeunes gens admis dans leurs écoles. C'est là aussi que ceux qui ont répondu tout jeunes encore à l'appel du Seigneur, sont promus aux saints Ordres, et initiés aux travaux et aux consolations de l'apostolat.

A peine le P. Barbe y était-il admis que déjà il se trouvait au comble du bonheur. « Que tu as « donc raison, écrivait-il à sa sœur, de te réjouir « de ce que la sainte obéissance m'a appelé dans « ces lieux ! Outre la perspective d'être prêtre « dans trois ans, tout ici semble fait pour me ren-« dre heureux. Je me trouve au milieu d'une « communauté fort nombreuse qui m'édifie par « l'exemple de toutes les vertus. Il y a parmi « nous des Jésuites de tous les pays, français,

« anglais, hollandais, espagnols et surtout italiens.
« Malgré cette diversité de nations, la concorde
« et la paix règnent parfaitement parmi nous ;
« on dirait que nous sommes tous du même pays ,
« et que nous avons toujours vécu ensemble.
« Voilà ce que la religion sait faire ! »

Mais le charme principal de son nouveau séjour,
c'était le voisinage d'un sanctuaire vénéré qui
parlait à son cœur des bontés de la meilleure des
mères. « Marie ! s'écriait-il dans une de ses lettres,
« ah ! ce nom si doux me rappelle un autre sujet de
« joie que j'ai encore dans cette chère maison de
« Vals. Nous ne sommes qu'à une faible distance
« du Puy, et dans cette ville, à l'église cathédrale,
« se trouve le pèlerinage si fameux de Notre-
« Dame de France. Depuis longtemps je désirais
« visiter ce sanctuaire si célèbre ; quelque chose
« me disait que Marie m'y attendait pour m'accor-
« der des faveurs toutes spéciales. Je ne m'étais
« pas trompé. Déjà j'ai reçu des bénédictions bien
« précieuses de la main de ma Mère. Oui, tout
« ici contribue à me donner le calme, la joie, la
« paix. »

Mais, hélas ! le bonheur sur la terre n'est pas
de longue durée, et la félicité passagère qu'on y
goûte est bien vite empoisonnée par l'amertume
des épreuves qui s'y rencontrent à chaque pas.
Notre étudiant commençait à peine à savourer
les charmes de sa vie nouvelle, que Dieu faisait
à son cœur une cruelle blessure : la mort passait
dans sa famille, et ravissait aux caresses de ses
enfants le plus tendre et le plus aimé des pères.
M. Barbe mourait à Doazit, de la mort des justes,
le 9 avril 1862.

La douleur qui éclata à la suite de ce fatal événement n'eut d'égale que l'affection dont le saint vieillard était entouré, et elle ne connaissait pas de limites.

Celui qui se sentit le plus profondément atteint, ce fut le jeune théologien de Vals ; le lugubre message l'atterra, et il eut quelque peine à se relever du coup qu'il venait de recevoir. Mais aussitôt qu'à travers ses larmes il eut regardé le ciel et poussé vers le Seigneur le cri de la résignation, il ne s'occupa plus de son chagrin ; il ne voulut songer qu'à ceux dont une immense distance l'empêchait d'essuyer les pleurs, et dont il voulait rendre l'épreuve méritoire en la dirigeant vers le Dieu qui l'avait envoyée.

« Nous voici, écrivait-il, dans la tristesse et dans
« les larmes. Nous avons bien raison de pleurer ;
« mais que cette tristesse et cette affliction ne nous
« fassent pas perdre la paix de l'âme ! C'est pour
« nous amener à la sainteté, que Dieu nous envoie
« les maux qui nous accablent ; nous les trouvons
« en nous, autour de nous, au sein de notre famille,
« partout. Ne nous plaignons pas, bénissons tou-
« jours cette main divine qui nous frappe ; c'est la
« main d'un père, et cette main se leva-t-elle
« jamais pour faire du mal à son enfant ? Il me
« semble que notre bon père, que nous regrettons
« tous si vivement, est au ciel avec trois de nos
« petits frères qui nous ont précédés ; il me semble
« qu'il nous dit comme autrefois le divin Maî-
« tre aux femmes éplorées qui le suivaient sur le
« Calvaire : Ne pleurez pas sur moi, mais sur
« vous-mêmes et sur ceux qui sont autour de vous.
« Oui, notre père est au ciel, nous avons tout
« lieu de l'espérer, et il ne veut pas que nous nous
« affligions de son bonheur ; mettons-nous plu-

« tôt tous à même d'aller le rejoindre quand il
« plaira à Dieu de nous unir à lui dans la céleste
« patrie ; nous nous retrouverons tous un jour.
« Prions cependant pour celui dont la disparition
« laisse un si grand vide dans nos cœurs, parce
« que nous ignorons ce que la justice divine de-
« mande pour être satisfaite, et soumettons-nous
« docilement à la volonté de Dieu. »

Pour lui, la volonté de Dieu, après cette douloureuse épreuve, était qu'il travaillât à entasser dans
ses mains des trésors de sainteté et de science ; il
s'employa de tous ses efforts à réaliser les desseins
que Dieu avait sur son âme ; il embrassa l'étude avec
une énergie que la vertu seule peut donner. Aussi la
peine ne l'épouvantait pas ; et si parfois il se sentait
défaillir, il s'encourageait à la pensée de la récompense qui lui était tenue en réserve. « Le temps
« arrive, disait-il, où il me sera permis de me repo-
« ser, et ce repos durera pendant toute l'éternité ; la
« seule perspective de cet heureux avenir me fait
« verser déjà des larmes de joie et de bonheur. »

Cette tendance à tout envisager d'une manière
surnaturelle, nous la retrouvons partout dans la
vie du P. Barbe ; et, après avoir parcouru toutes
ses lettres, nous donnons volontiers raison au P.
Labaste qui l'a bien connu, et qui disait à Tamatave
auprès de son cercueil, le jour de sa mort : « Tou-
« jours, même dans ses récréations, il était surna-
« turel, et cela sans effort. » Essaie-t-il de sonder
les secrets de la théologie ? Si, après les plus sa-
vantes explications, la vérité qu'il cherche à pénétrer demeure encore enveloppée de mystère, il
s'écrie : « Cette étude excite en moi un désir plus
« prononcé de contempler dans le ciel les
« choses que nous avons tant de peine à compren-

« dre sur cette terre ; quand viendra donc le jour
« où il nous sera permis de voir face à face Dieu
« lui-même dans son essence et avec tous ses
« attributs? »

Est-il question de ses examens, dont l'issue le
préoccupe, non pas qu'il désire les voir couronnés
de succès, mais parce que de leur heureux résultat
dépendent la gloire de Dieu et le salut des âmes?
Sa pensée se reporte tout naturellement vers le
Juge souverain qui, à notre premier pas dans
l'éternité, nous demande compte de chacune de
nos actions. « Dans quelques mois, tous les exa-
« mens seront finis, disait-il ; il n'y a plus que le
« jugement particulier que Dieu me fera subir ;
« c'est celui-là surtout qui m'inspire la crainte et
« la terreur, à cause de ses éternelles consé-
« quences. L'examen définitif qui m'attend m'in-
« quiète fort peu, quoique je me dispose de mon
« mieux à en affronter victorieusement les diffi-
« cultés. »

S'agit-il de sa santé? Lorsqu'il la sent s'affaiblir,
il voit la main de Dieu travailler son âme. « D'où
« vient donc, s'écriait-il, cette espèce d'épuisement
« que j'éprouve? Bien perspicace serait celui qui
« pourrait le deviner. Les médecins n'y compren-
« nent rien ; et moi je dis que c'est Dieu qui veut
« tout à fait tuer le vieil homme ; jusqu'à ce
« qu'il soit entièrement mort, il le traitera sans
« miséricorde. J'avais trop de vie naturelle ; il
« faut qu'elle disparaisse à tout prix pour que la
« grâce agisse, et qu'elle soit seule maîtresse en
« moi. Voilà tout le mystère. »

Avec de pareilles dispositions, l'avancement
spirituel du fervent théologien devait se traduire

par des progrès continuels d'autant plus sensibles et plus réels qu'il approchait chaque jour davantage du terme caressé par son imagination et par son cœur.

C'est toujours un grand événement dans la vie d'un jeune lévite que celui qui l'arrache au monde pour le consacrer corps et âme à son Dieu. Avec quel soin le P. Barbe le prépara! Mais parce que plus qu'un autre il en comprenait la souveraine importance, et avait conscience de sa faiblesse, il implorait la charité de tous ceux qui lui portaient intérêt et les suppliait de venir à son secours.

Une chose aura sans doute frappé et frappera encore ceux qui parcourent ces lignes: c'est l'insistance avec laquelle le P. Barbe conjure ses parents et ses amis de vouloir lui prêter le concours de leurs prières. Nous n'avons pas lu une seule de ses lettres sans y trouver cette demande formulée dans les termes les plus pressants. S'il écrit à son frère, il lui recommande de ne pas l'oublier au saint Sacrifice de la Messe; s'il parle à sa sœur Carmelle, c'est pour la presser de faire violence au ciel en sa faveur; s'il s'adresse à sa sœur Augustine, il sollicite un souvenir tout spécial dans la prière de ses petits enfants. Mais il y avait surtout dans sa famille un homme dont le P. Barbe affectionnait spécialement le concours: c'était son oncle, un frère de son père, ancien percepteur de Pomarez, homme d'une belle intelligence et d'une haute vertu. Il fut pendant toute sa vie tel que la mort le trouva au dernier moment de son existence. Chaque jour il recevait la sainte Communion, faisait le Chemin de la Croix, et dans la soirée une interminable visite au Saint-Sacrement; les habitants de Tilh se souviennent encore de ce beau vieillard de 96 ans, agenouillé par terre dans le sanctuaire de leur église, devant l'autel de Marie qu'il aimait comme un enfant, et dont il était, nous en sommes convaincus, tendrement aimé, puisque ce fut à l'aurore du beau jour de l'Immaculée Conception, le 8 décembre 1879, qu'elle l'appela à l'éternel bonheur du ciel. Rien n'égale la persévérance avec laquelle son neveu le supplie de lui venir en aide ; il va en quelque sorte le conjurer comme un mendiant de lui faire une part abondante dans les trésors de ses bonnes œuvres. Tels sont les collaborateurs que le théologien de Vals employait au travail de sa sanctification.

Le P. Barbe, à la veille de recevoir les Ordres majeurs qui vont lui être conférés, nous paraît agir comme les saints. Suivant la parole de l'Apôtre, ils se regardent comme la balayure du monde, comme de grands indigents spirituels qui sollicitent les miettes échappées à la table de ceux que dans leur humilité ils croient plus riches et plus agréables devant Dieu.

Les pieuses largesses qu'il implorait en tout temps avec une sorte d'importunité ne lui firent jamais défaut ; mais il les réclama avec une insistance toute particulière lorsqu'il apprit qu'il était appelé à recevoir les Ordres sacrés. Le cœur de ses amis comprit toujours le sien ; et voilà pourquoi ils redoublèrent d'instances auprès de Dieu aux approches du grand jour. Plus d'une fois le P. Barbe éprouva d'une manière sensible la salutaire influence des efforts combinés des membres de sa famille qui demandaient à Dieu de faire de lui un saint. « Le Seigneur a entendu vos vœux, « et il les a reçus favorablement, écrivait-il à sa

« famille, le jour où j'ai été fait sous-diacre ;
« vraiment vous n'avez pas perdu votre peine, car
« il s'est passé en moi des choses peu ordinaires,
« prélude sans doute des grâces et des prodiges
« qui m'attendent encore. »

Paroles éloquentes dans leur simplicité, qui nous révèlent les trésors dont la main du Seigneur dut enrichir son âme le jour où il en prit solennellement possession ! être un saint, voilà quelle fut désormais sa devise ; et, au moment de recevoir le diaconat, appelant ses amis à son secours, il la jette résolûment à sa famille comme un programme qu'il s'impose pour la vie, et dont il écrira toutes les lignes dans sa conduite. « Il le faut, dit-il, je
« veux dès aujourd'hui être entièrement à Dieu ;
« après tout, il n'y a que les saints qui servent
« d'instrument à la conversion des âmes. Pour
« moi, je n'ai d'autre ambition que celle de me
« sauver, en me dépensant tout entier pour le
« salut de mes frères. »

Le temps marchait, et peu à peu amenait le jour si ardemment désiré du sacerdoce. Qui pourrait dire les transports de l'âme d'un lévite qui voit enfin s'ouvrir devant lui les portes du sanctuaire ? Ce sont des émotions qu'il faut renoncer à décrire. Ceux-là seuls les comprennent qui les ont ressenties. Le pieux scolastique les éprouva pour ainsi dire par anticipation, et la joie débordait à pleins bords de son cœur lorsqu'il annonçait à sa famille qu'il allait enfin devenir pour jamais le prêtre du Seigneur. Mais ce qui le préoccupait à ce moment, c'était le désir d'apporter aux pieds de l'évêque consécrateur les dispositions qui devaient attirer sur lui l'effusion des dons de l'Esprit-Saint. Il fait alors en quelque sorte un effort désespéré ;

il jette sa voix à tous les échos, appelle à son secours tous ceux qui à un titre quelconque se disent ses amis, s'adresse aux âmes d'élite que son frère compte dans son bercail, à celui qui fut au petit séminaire d'Aire « le bien-aimé directeur de son âme, » et surtout à Notre-Dame de Buglose, qu'il supplie de mettre le comble à ses faveurs en opérant en lui une véritable transformation.

Aussi qu'il faisait bon le voir lorsque, le visage transfiguré, tout rayonnant d'une joie qui n'est pas de ce monde, et l'âme inondée de ce bonheur qui est sur la terre un avant-goût du ciel, il se jetait, tout en larmes, la couronne du sacerdoce sur le front, dans les bras de son frère accouru du fond de sa paroisse des Landes pour prendre part à ses transports ! Non, écrivait-on du séminaire de Vals, il n'est pas possible de dire les élans du nouveau prêtre devenu la possession de Dieu ; ce n'est plus un homme, c'est un ange. Le retour de l'heureux envoyé était impatiemment attendu ; lorsqu'il fut rentré au sein de sa famille, des larmes d'attendrissement coulèrent de tous les yeux au récit des merveilles dont il venait d'être le témoin, et tous les cœurs ne soupirèrent plus qu'après le moment où il leur serait donné de recevoir la première bénédiction de l'élu du Seigneur.

Pour lui, tandis qu'on se faisait déjà une fête de le recevoir, il buvait à longs traits à la coupe des célestes consolations, et jouissait des délices de la table du Seigneur ; et, bien loin de se familiariser avec les grandeurs de la dignité sacerdotale, il en comprenait tous les jours de plus en plus l'excellence. Il avouait avec ingénuité qu'il avait reçu les saints Ordres dans les meilleures dispositions ; que, depuis ce moment à jamais mémorable, son âme

était calme et tranquille. « Monter chaque jour à
« l'autel, disait-il à sa sœur ! quand je n'aurais pas
« d'autre consolation ici-bas, ne devrais-je pas
« m'estimer le plus heureux des mortels? Oh ! ma
« bonne sœur, si tu es puissante auprès du Sacré
« Cœur de Jésus, demande donc pour moi la
« grâce de ne célébrer le saint Sacrifice qu'avec
« les sentiments de la foi la plus vive et de la plus
« ardente charité. Il faut, coûte que coûte, que
« je devienne un saint. Travaillons, sans nous
« lasser, à atteindre une fin si sublime. »

Joignant lui-même l'exemple au conseil, il travaillait comme un bon soldat du Christ; avant de
quitter Vals, il voulait pouvoir se rendre en toute
vérité le témoignage d'avoir utilement employé
son temps. Un instant il put se demander si la vie
laborieuse et pourtant très heureuse qu'il y menait
n'aurait pas bientôt un terme; mais ses supérieurs,
après le plein succès de son dernier et de son plus
difficile examen, décidèrent de le garder encore
auprès d'eux. Ce fut pour lui une immense consolation de rester un an de plus dans cette maison de
Vals, sous la direction de maîtres savants et dévoués, de pères vénérés et tendrement chéris, de
vivre dans un milieu où tout le portait à la piété et
à la vertu, de pouvoir compléter à son aise ses
études de philosophie et de théologie, et il regarda
toujours comme une des plus précieuses faveurs
que Dieu pût lui accorder d'avoir prolongé son séjour dans ce séminaire bien-aimé qui lui rappelait
les plus doux souvenirs.

Parmi les avantages qu'il y trouvait, il en était
un qui lui paraissait infiniment précieux : c'était
de pouvoir réaliser le vœu le plus ardent de son
âme d'apôtre, d'avoir la facilité d'exercer le zèle

auprès de toutes les classes de la société. Il ne tarda pas d'avoir l'occasion de satisfaire les besoins de son cœur.

Après son examen définitif, il aurait été en droit d'espérer quelques jours de repos ; mais se reposer dans la Compagnie de Jésus, c'est seulement changer d'occupation. Il fut envoyé avec un Père italien faire ses premières armes dans une localité voisine de la ville du Puy, et il y prêcha avec d'immenses consolations une retraite de huit jours à 430 Frères employés à l'éducation chrétienne de la jeunesse. Quelque temps après, le savant et si distingué Père Gury l'amenait avec lui pour évangéliser une grande paroisse située à six kilomètres de Vals. Tout heureux de ce choix, le P. Barbe espérait pleinement réussir sous la conduite d'un si habile directeur ; mais, se repliant ensuite sur lui-même, il se demandait dans son humilité « si ses péchés, « son orgueil et son insuffisance ne mettaient pas « auprès des âmes des obstacles au bien que le « Cœur de Jésus voulait leur faire ».

Dans une autre circonstance, il prêchait une mission dans un grand village où les exercices eurent un succès complet. Fidèle à en faire remonter la gloire à Dieu, il en attribue l'heureux résultat aux prières dont le concours lui a été assuré, et aux dispositions naturelles du peuple auprès duquel il avait exercé son apostolat.

Quelquefois il était envoyé le dimanche dans une chapelle de la ville où deux cents pauvres se réunissaient ; il entendait leurs confessions avant et après la messe, et leur adressait toujours une petite instruction. Il était là dans son élément, et il avouait lui-même qu'il s'estimait plus heureux de se trouver au milieu de ces indigents en haillons que de traiter avec la plus haute classe de la société.

Le futur apôtre de la grande île africaine avait fait ses preuves, et ses supérieurs jugèrent l'expérience suffisante ; il fallait songer à lui donner une nouvelle destination. Mais, avant de l'employer à un autre ministère, il leur parut bon d'accéder aux désirs bien légitimes de sa famille, et de l'envoyer passer quelques jours dans son pays natal. Le P. Barbe, toujours surnaturel jusque dans les moindres détails de sa vie, se prépara avec soin à cette grande visite. « Dès aujourd'hui, écrivait-il « à sa sœur, je vais mettre sérieusement la main « à l'œuvre ; je dois veiller à ne pas vous donner « trop mauvaise édification quand nous aurons le « bonheur de nous revoir ; il faut que mon passage « sage dans la famille laisse des traces durables. « La difficulté n'est pas très grande ; aide-moi à « devenir un saint, et tout est gagné. Il y a encore « bien à faire ; mais que ne peut pas la grâce de « Dieu sur une âme qui ne demande qu'à suivre « ses inspirations ! »

Le jour vint enfin où les cœurs depuis si longtemps éloignés purent se rapprocher, et ce fut à Buglose, le 8 septembre 1866, à l'occasion du couronnement solennel de la statue miraculeuse, que le P. Barbe donna rendez-vous à ses amis. Quel lieu plus favorable pouvait fixer son choix ? Se revoir, s'embrasser, pleurer de joie et de bonheur sous les yeux mêmes de la Mère du ciel, dans une circonstance à jamais mémorable pour le pays des Landes, que de consolations à la fois ! Tous furent fidèles à l'appel qui leur fut adressé ; je me trompe, il y en eut un qui manqua : ce fut

M. Barbe, qui, depuis quatre ans, jouissait au ciel, nous nous plaisons à l'espérer, de la récompense que ses vertus lui avaient acquise; et le fils qu'il aimait d'un amour de prédilection ne devait plus retrouver que sa tombe...

Il faut renoncer à décrire les transports de joie qui éclatèrent aux pieds de la Madone, lorsque le P. Barbe se jeta, après quatorze ans d'absence, dans les bras de sa mère, de ses frères et de ses sœurs; il est des sentiments dont la plume est impuissante à traduire l'expression, et des larmes dont elle est incapable de rendre la douceur. Pour nous qui fûmes témoins de cette scène attendrissante, nous n'oublierons jamais la suave impression qu'elle fit à nos cœurs.

Lorsque l'heureux cortège traversa le village de Doazit, tous debout et respectueusement découverts sur le seuil de leurs portes, saluaient avec affection celui dont ils attendaient impatiemment le retour. Et lui-même, avec cette exquise bonté qui le caractérisait, avec ce franc et aimable sourire qui lui attachait tous les cœurs, venait s'asseoir à tous les foyers, et disait à chacun une de ces bonnes paroles qu'on ne peut plus oublier, et qu'on nous répète chaque fois que le nom du pieux missionnaire se rencontre sur nos lèvres. Vraiment, nous pouvons le dire sans exagération, comme son divin Maître, dont il s'étudiait à suivre en tout les exemples, le P. Barbe passa au milieu de nous en faisant le bien.

La joie fut grande pour nos cœurs tant que nous pûmes garder auprès de nous celui dont nous ne savions plus nous séparer; mais la douleur fut plus grande encore lorsque le moment des adieux fut venu, et nous ne nous sentons pas de force à en décrire l'amertume. Celui qui l'éprouva le plus vivement, ce fut le P. Barbe; il ne craint pas de l'avouer aussitôt après qu'il est rendu à sa nouvelle destination. « Vraiment, dit-il, si tout « devait finir pour nous après cette vie, nous se- « rions bien malheureux ; à chaque séparation, « nouvelles larmes, nouveaux déchirements, nou- « velle désolation. Mais confiance ! viendra le « jour où nous nous reverrons, et ce sera pour ne « plus nous séparer jamais. »

Le croirait-on ? le bon P. Barbe fut tout étonné de l'accueil qu'il reçut au pays natal. Ainsi en agissent les saints ; ils se croient dignes de tous les mépris, et quand ils sont l'objet d'une considé- ration quelconque, il leur semble qu'on leur donne ce qui ne leur est pas dû, et ils en sont reconnais- sants comme si on leur faisait une charité à laquelle ils n'ont aucun droit. « Comme nous avons raison, « s'écriait-il au lendemain du jour où il s'arra- « chait en pleurant des bras de ses amis, de nous « abandonner entièrement entre les mains de « Dieu ! Il est si sage et si bon ! Comme il m'a « protégé, réjoui, consolé, durant le court séjour « que je viens de faire à Doazit ! Pas le moindre « désagrément, pas la plus petite contradiction ; « je n'ai eu que des sujets d'édification au sein de « la famille, au milieu de nos parents et de nos « amis. Dieu voulait mon voyage : voilà pourquoi « il l'a béni d'une manière si visible. Ce qui m'a « surtout frappé, c'est le cordial empressement « avec lequel j'ai été partout reçu. Je me demande « ce qu'on aurait pu faire de plus pour moi, et, « ne trouvant pas de réponse, je ne puis que lais- « ser éclater mon cœur en sentiments de recon- « naissance et d'amour. Oh ! merci ! grand merci ! »

CHAPITRE V.

LA MAISON DE LAON. — LES DERNIERS ADIEUX
— LE DÉPART POUR LA TERRE ÉTRANGÈRE.

Le P. Barbe avait été nommé professeur de 3me au collège de Tivoli, et à son retour de Doazit il allait prendre possession de sa chaire, lorsqu'une lettre de ses supérieurs l'avertit qu'il devait immédiatement se rendre à Laon. Les Pères Jésuites ont dans cette ville une maison du troisième an de probation. C'est là que les membres de leur Compagnie viennent par un second noviciat, moins long, mais plus sérieux encore que le premier, mettre le couronnement à l'édifice de leur perfection, pour en sortir ensuite préparés à toutes les situations et à tous les combats.

Il est impossible de dire avec quelle énergie de volonté le bon Père s'attacha aux exercices de sa vie nouvelle. « C'en est fait, disait-il ; pour une bonne fois, je veux ici devenir un saint. »

Mais, avant de commencer sa longue et laborieuse retraite qui ne doit pas durer moins de trente jours, il demande à son frère de vouloir bien lui signaler ce qui lui paraît défectueux dans ses paroles et dans ses actes, pour qu'il puisse se réformer au plus tôt. Voici en quels termes il lui écrit à ce sujet :

« Dans le petit compte rendu que vous me don-
« nez des diverses impressions produites par mon

« apparition au milieu de vous, vous me dites non
« pas ce que j'ai été, mais ce que j'aurais dû être ;
« ma conscience me le crie plus haut que toutes
« les voix du monde. Hélas! je n'ignore pas com-
« bien peu je vous ai édifiés, vous et nos bons pa-
« rents. Pardonnez-moi, je vous en prie, tout ce
« qui aurait pu vous paraître répréhensible ; je vais
« m'amender dès ce soir même, puisque ce soir
« nous commençons notre grande retraite qui doit
« durer jusqu'au jour de l'Immaculée Conception.

« Comme je ne suis pas un saint, mais que je
« veux le devenir, je vous prierai, mon bon et excel-
« lent frère, de me rendre un petit service de cha-
« rité. Dites-moi, en toute simplicité, afin que je
« me corrige, ce qui vous aurait paru irrégulier
« dans ma conduite, et que les autres vous auraient
« fait observer, ce qui vous déplaît dans ma ma-
« nière de parler et d'agir, ce qui me manquerait
« surtout pour traiter avec les hommes et leur
« faire le plus de bien possible. Pendant les huit
« jours que nous avons passés ensemble, bien des
« choses en moi vous auront choqué, mal édifié.
« C'est ce que vous devez me faire remarquer ;
« je vous serai très reconnaissant, et je dirai à
« votre intention un certain nombre de messes, en
« proportion du zèle que vous aurez mis à me mon-
« trer mes misères ; il ne faut pas, si le ciel veut
« que nous nous revoyions encore, que vous les
« retrouviez en moi. »

Cette monition qu'il sollicitait de son frère, sa
sœur la lui faisait spontanément dans la première
lettre qui suivit son départ pour Laon. Voici comment il l'en remercie :

« Laon, le 4 novembre 1866.

« Ma bien chère sœur,

« Dans quelques instants je vais commencer
« ma retraite ; je profite d'un moment de loisir
« pour te remercier de ta bonne lettre. De toutes
« celles que tu m'as écrites, c'est celle qui m'a fait
« le plus de bien. Voilà comment une sœur vrai-
« ment chrétienne doit parler à son frère. Pour te
« témoigner ma reconnaissance, je promets de dire
« la sainte messe à ton intention le 21 de ce mois,
« jour de la fête de la Présentation de la T. S.
« Vierge. Tu auras la même récompense, et une
« plus considérable encore, toutes les fois que tu
« me rendras le même service.

« Tu me dis d'abord : « permets-moi de te faire
« remarquer que tu nous mènes un peu rudement.
« Les Pères Jésuites que je connais font plus de
« visites et par conséquent donnent plus d'agré-
« ments que toi à leurs familles. » Je l'avoue, ma
« chère sœur ; il est certain que mon cœur est
« plein pour vous tous de l'amour le plus tendre,
« mais je sens comme toi que, durant les quelques
« jours que j'ai passés au milieu de ma famille,
« j'aurais dû vous témoigner cet amour en vous
« édifiant et en vous faisant du bien. C'est à quoi
« j'ai manqué, hélas ! Tu as donc bien raison de me
« dire que je vous mène un peu rudement, puis-
« que je ne vous ai rien donné de ce que vous étiez
« en droit d'attendre. Les autres Pères, mes frères,
« n'en agissent pas de la sorte ; et c'est pour cela
« que les Supérieurs les laissent plus longtemps
« au sein de leurs familles.

« Tu ajoutes : « N'y avait-il pas quelque res-
« triction dans ton esprit lorsque tu nous parlais
« de ta destination ? tu nous assurais que tu res-
« terais à Bordeaux, et nous apprenons que tu es
« à Laon. » Le vrai chrétien ne ment jamais, à
« plus forte raison le véritable Jésuite ; mais si on
« me croyait capable d'une telle bassesse, on me
« jugerait bien. J'en fais d'autres des miennes ; il
« suffit de vivre quelques instants avec moi pour
« ne pas tarder à s'en apercevoir. J'en gémis
« assez moi-même devant Dieu. Je dois dire ce-
« pendant, afin de rétablir la vérité, que pour l'af-
« faire en question, à savoir si je resterais à Bor-
« deaux ou non, j'ai déclaré la chose comme je la
« savais, sans avoir l'intention de faire la moindre
« réticence.

« Enfin tu as écrit ces paroles bien significati-
« ves : « Au lieu de m'apporter le bonheur, ta
« visite m'a causé la plus grande peine, à cause des
« déchirements de la séparation et des douleurs
« qui l'ont suivie. » Je n'en suis pas étonné : il en
« est ainsi de toutes les visites qui se font dans le
« monde et selon le monde. L'auteur de l'*Imitation*
« *de Jésus-Christ* l'a dit après un ancien : toutes les
« fois qu'on va au milieu des hommes, on en re-
« vient moins homme, c'est-à-dire avec une dé-
« perdition de vertu. Je vous ai visités comme
« homme et non pas comme saint ; j'ai plus suivi
« la voix de la chair et du sang que celle de l'es-
« prit et de la vertu. Voilà pourquoi en vous
« quittant je vous ai laissés tristes et désolés. Il
« n'en fut pas de même de Notre-Seigneur montant
« au ciel et disant un adieu définitif à ses chers dis-
« ciples. L'Évangile nous rapporte qu'après l'avoir
« perdu sur la terre ils s'en retournèrent à Jérusalem

« remplis de la plus grande joie. D'où il faut tirer
« cette conclusion : il n'est pas opportun ni pour
« vous ni pour moi que je revienne vous voir, si
« mes dispositions pour le bien et la vertu ne chan-
« gent pas.

« C'est une bonne leçon que, sans le vouloir, tu
« me donnes de la manière la plus éloquente. Je
« t'aimais déjà, je t'aime bien plus encore aujour-
« d'hui. Merci, encore une fois merci ! Priez tous
« pour moi ; et tous ensemble aidez-moi à devenir
« un saint.

« Adieu ! je t'embrasse avec un cœur plein
« d'affection et de reconnaissance.

« F. Barbe, s. j. »

Avec ces dispositions, cette humilité profonde,
ce désir immense d'arriver à la sainteté, que ne
pouvait-on pas attendre de cette série d'exercices
qui ont élevé tant d'âmes à d'incomparables hau-
teurs ? Le résultat dut en être excellent, puisque le
P. Barbe est obligé de reconnaître qu'il a entassé
dans ses mains des trésors de sainteté et de vertu
proportionnés à sa générosité et à son dévouement,
qu'il a pris la résolution de mener à l'avenir *une
vie plus exemplaire et plus édifiante ;* il redoute
d'ailleurs le compte terrible qu'il aurait à rendre à
Dieu s'il abusait des grâces extraordinaires qu'il a
reçues, s'il compromettait les intérêts des âmes
qu'il est destiné à sauver, si les fruits de sanctification produits en lui par la divine Bonté ne se
conservaient pas dans son cœur.

A Laon, comme à Toulouse, à Saint-Affrique et
à Vals, le P. Barbe jouit du plus complet bonheur :
il trouve ses délices à vivre dans la plus édifiante

des communautés, au milieu de frères qui ne cessent de lui donner l'exemple des plus belles vertus, qui portent sur leurs fronts la joie la plus pure, et dans leurs cœurs la charité la plus franche ; il lui semble, en vivant au milieu d'eux, voir renaître les temps de la primitive Église, et bien souvent il trouve sur ses lèvres la parole qui tombait de la bouche des Apôtres au sommet de la montagne de la Transfiguration : Il fait bon ici ! Dans sa nouvelle résidence comme partout ailleurs, le P. Barbe put satisfaire sa tendre dévotion envers Marie ; le voisinage du fameux sanctuaire de Notre-Dame de Liesse devait le servir à souhait. Il aimait tant la Sainte Vierge qu'il regardait comme une bonne fortune de pouvoir aller s'agenouiller souvent dans une chapelle où les prodiges les plus éclatants marquent la prédilection qu'elle y attache. Il venait y prier toutes les fois que l'obéissance le lui permettait. Ce fut au mois de novembre 1866 qu'il y accomplit son premier pèlerinage ; il partit de Laon vers 4 heures du matin, en compagnie de quelques Pères, par un brouillard affreux et très froid, de telle sorte qu'à son arrivée à Liesse sa soutane était toute blanche et comme dentelée de frimas... Pendant la journée le temps se radoucit et le brouillard du matin se convertit en une eau abondante qui couvrit les chemins de boue. Le pieux pèlerin revint à Laon vers le soir, après trois heures de marche, trempé jusqu'aux os, et pourtant très heureux parce qu'il lui semblait que Marie permettait ce petit contre-temps pour éprouver sa patience.

D'autres fois il se rendait au célèbre sanctuaire pour aider dans leurs travaux apostoliques ceux à qui la garde en était confiée, ou allait deux fois la semaine à la cathédrale de Laon pour y enseigner le catéchisme aux petites filles qui se préparaient à la première communion ; mais ce n'était que par exception qu'il exerçait les fonctions du saint ministère, non pas que les occasions lui fissent défaut, mais parce qu'il ne pouvait s'en occuper sans nuire considérablement au travail qu'il avait entrepris durant l'année exclusivement consacrée à sa sanctification personnelle.

Le troisième an de probation passa bien vite, et ce ne fut pas sans une profonde émotion que le fervent religieux vit arriver le moment où il devait quitter sans retour sa douce et bien-aimée solitude, cette chère maison où il trouvait ses délices. Quelques jours avant de lui faire ses adieux, il dut écrire à sa famille, pour lui apprendre que les vœux qu'il formait depuis longtemps allaient enfin se réaliser, et que ses Supérieurs l'envoyaient comme missionnaire dans les petites îles voisines de la Grande Terre de Madagascar.

Cette douloureuse nouvelle atterra ses parents : ils savaient bien quels étaient ses projets, et que jamais il ne consentirait à revenir sur sa décision ; mais lorsque l'heure fut venue pour eux de consommer le sacrifice, l'épreuve fut terrible, et pendant de longs jours les larmes ne cessèrent de tomber de tous les yeux. Redoutant les déchirements de la séparation, ils se demandaient s'il ne valait pas mieux, pour le bien de tous, sacrifier les joies d'un nouveau retour, qui devaient inévitablement être suivies de douleurs sans nom. Le Père tenait absolument à venir faire ses derniers adieux, et il demanda à saint Joseph de l'aider dans la réalisation de ses plans. Il fut victorieux dans la lutte, et, le 14 mars 1867, après avoir quitté

Laon et fait une visite au berceau de saint Ignace de Loyola, il faisait son entrée à Doazit.

Les saints, partout où ils passent, laissent après eux la bonne odeur de leurs vertus ; il ne pouvait en être autrement du P. Barbe, qui dans l'espace d'un an avait fait d'étonnants progrès dans la perfection, et exerçait autour de tous ceux qui l'approchaient l'irrésistible influence de sa tendre et communicative piété. Toujours gai, toujours souriant, il consolait sa famille affligée, qui ne cessait de verser des larmes dans la perspective de la pénible séparation qui l'attendait, et toujours il dirigeait les regards et les cœurs vers le ciel. « C'est là que nous nous retrouverons tous, disait-il sans cesse à ceux qui lui parlaient de la résolution qu'il avait prise d'aller évangéliser les peuples infidèles. »

M. le curé de Doazit voulut que, le dimanche qui précéda son départ, il fît du haut de la chaire ses adieux à sa paroisse. Nous n'oublierons jamais ce moment solennel, ces accents pleins d'une éloquence tout apostolique, qui nous donnèrent pour le futur missionnaire l'espérance des plus beaux succès. Quel amour pour les âmes ! et comme tout, dans l'expression de son visage, de sa voix et de ses gestes, faisait voir qu'il était prêt, à l'exemple de saint Paul, à tout donner et à se donner lui-même pour elles ! Son langage trouva bien vite le chemin des cœurs, et dans un moment on n'entendit plus que des sanglots, et tous les yeux se remplirent de larmes. Nous avons encore présente devant nous cette scène attendrissante, et nous en connaissons qui, en entendant les paroles pleines de feu de l'apôtre attendu par les Malgaches, jurèrent de e consacrer, eux aussi, au salut de ces âmes

que l'orateur sacré faisait voir si belles et si précieuses au Cœur du Seigneur.

Ah! qu'il devait donc les aimer, ces âmes, pour
avoir le courage de s'arracher le lendemain, à cause
d'elles, des bras de ses parents assurés de ne plus
le revoir sur la terre! Le moment fatal approchait,
et on le voyait venir avec une appréhension facile
à comprendre. Le Père mesura d'avance la profon-
deur des blessures qu'il allait faire à ces cœurs
amis, et l'émotion qu'il allait lui-même éprouver ;
et pour ménager les uns et les autres, il eut le
courage, immédiatement après sa messe, de s'en
aller à la dérobée, et sans rentrer dans sa famille,
attendre à deux kilomètres du village la voiture
qui devait l'emporter.

Nous renonçons à décrire la scène déchirante
qui eut lieu et la douleur qui éclata lorsque celui
que le missionnaire avait mis dans sa confidence
vint dire à tous les parents réunis pour les adieux :
« N'attendez pas le Père, il est parti ; il vous donne
rendez-vous au ciel ».

Il était parti en effet ; mais quelles angoisses !...
Il faudrait avoir connu son cœur pour les comprendre. Il en trahit lui-même le secret dans une
lettre qu'il écrivait de Marseille, au moment de
s'embarquer. On nous en voudrait de ne pas la citer
textuellement ; la voici telle qu'elle fut rédigée par
la plume du missionnaire :

« Marseille, le 7 avril 1867.

« Mes bien chers parents,

« Avant tout, laissez-moi vous remercier des
« attentions tout exceptionnelles que vous avez

« eues pour moi durant mon séjour à Doazit;
« vous avez fait plus que je ne méritais. Je prie
« le Ciel de vous récompenser de tant de charité !
« pour moi, je n'oublierai jamais toute la reconnais-
« sance que je vous dois.

« Merci de la bonne pensée que vous avez eue de
« m'écrire avant mon départ de France ; je tenais
« beaucoup en effet à savoir comment vous aviez
« interprété ma façon un peu étrange de vous
« faire mes derniers adieux. Quel sacrifice pour
« moi de partir sans vous embrasser, surtout sans
« embrasser ma pauvre vieille mère ! Mais je
« craignais et avec raison que cette dernière sépa-
« ration ne fût trop cruelle pour les uns et pour
« les autres. Nous avons eu le plaisir de nous
« trouver ensemble pendant quelques jours, et Dieu
« a été assez bon pour nous épargner à tous ce
« qu'il y avait de plus pénible dans le sacrifice que
« nous lui faisions si généreusement.

« Si vous saviez tout ce qui s'est passé en moi
« durant les derniers instants que je suis resté à
« Doazit ! Vers la fin de ma messe, pendant
« laquelle vous avez été vous-mêmes si agités,
« je me suis senti tellement ému que j'ai vu le
« moment où je ne pourrais pas achever le Saint
« Sacrifice ; un saisissement général s'est emparé
« de moi ; mon cœur battait avec force, et des
« larmes abondantes voulaient s'échapper de mes
« yeux ; je n'y voyais plus, et j'avais de la peine
« à articuler quelques paroles. La grâce d'en
« haut m'a cependant soutenu, ce qui n'a pas
« empêché la même émotion de se reproduire pen-
« dant mon action de grâces. Je me suis enfin mis
« en route après m'être recommandé à Jésus,
« Marie et Joseph, aux saints Anges du lieu, aux

« âmes si chères du Purgatoire, pour que rien ne
« transpirât de ma pieuse fraude. Afin de faire
« diversion aux pensées si attendrissantes qui
« m'obsédaient, j'ai récité mon chapelet. En pas-
« sant devant le cimetière, je me suis arrêté
« devant la tombe de notre vénéré père ; j'ai
« récité plutôt de cœur que de bouche un *De pro-*
« *fundis* pour le repos de son âme et pour tous
« ceux qui dorment dans ce champ des morts.
« Sur ces entrefaites, la voiture est venue me
« rejoindre. Le voyage n'a pas été gai, bien s'en
« faut ; j'étais calme, néanmoins, résigné, et même
« content. Dieu m'a soutenu, Marie était avec
« moi, et le bon saint Joseph m'assistait de sa
« puissante protection. Le moment le plus pénible
« a été celui où j'ai embrassé à la gare de Gre-
« nade mon frère Grégoire, et mes deux neveux
« qui m'avaient accompagné, Gomer et Isi-
« dore. »

A midi le P. Barbe arrivait à Aire, et trouvait
auprès des Pères Jésuites le plus fraternel accueil ;
il allait ensuite rendre visite à M. l'abbé de Cap-
deville, son ancien supérieur du petit séminaire,
et au vénérable M. Loussan, son surveillant
d'autrefois. L'un et l'autre se jetèrent avec bonheur dans ses bras et lui demandèrent sa bénédiction.

Le lendemain il se rendait à Lourdes, et passa
dans ces lieux, « encore tout embaumés de la pré-
« sence de Marie, deux journées délicieuses dont
« il devait garder pendant toute sa vie un impé-
« rissable souvenir ». Il partagea son temps entre
la grotte bien-aimée, le confessionnal et la chaire ;
et quand il quitta ce sol béni que ses pieds ne
devaient plus fouler, son cœur fut en proie à des

déchirements cruels manifestés par les larmes qui tombèrent de ses yeux.

Il prit immédiatement la route de Toulouse ; et ses supérieurs le gardèrent près d'eux pendant une semaine entière. Là il trouva encore l'occasion d'exercer son zèle, et quatre fois il prit la parole devant des auditoires pieux et relativement considérables. La première fois il s'adressa aux enfants aveugles et à leurs généreuses protectrices. La messe lui fut servie — détail touchant ! — par deux de ces petits infortunés ; et, quand il fut au moment de partir, il prit plaisir à les voir lire, écrire, chanter et jouer ; il emporta même un compliment composé pour lui et débité par une jeune personne aveugle âgée de 18 ans. La seconde fois qu'il parla, ce fut à la prison militaire, devant une centaine de détenus dont l'étonnement fut grand, et dont l'émotion provoqua la sienne. La troisième fois il eut pour auditrices un certain nombre de dames pieuses réunies en association. L'une d'elles, après l'avoir entendu, pleura pendant toute une journée et lui remit une abondante aumône pour sa Mission. Enfin il fut invité à dire la messe dans un couvent, et à adresser quelques paroles aux Religieuses et à leurs élèves ; elles se dépouillèrent spontanément de tous leurs objets de piété et lui en firent don.

Après un dernier pèlerinage au tombeau de sainte Germaine de Pibrac, il quitta Toulouse le 5 avril ; le R. P. Provincial et le P. Recteur de la Résidence voulurent bien l'accompagner jusqu'à Castelnaudary. Il séjourna quelques heures à Montpellier et à Nîmes, et arriva enfin à Marseille, visiblement guidé et soutenu par la main de Dieu.

Son premier soin fut d'aller se jeter aux pieds de Notre-Dame de la Garde et de se recommander à sa protection ; car le lendemain il devait entreprendre sa longue et pénible traversée.

Qui nous dira ce qui se passa dans son cœur si aimant lorsqu'il sentit les premiers ébranlements du navire qui devait le porter aux plages étrangères rêvées par son cœur d'apôtre, et que les rivages de la France disparurent à ses yeux ? « Qu'ai-je éprouvé, s'écrie-t-il lui-même dans la « première lettre qu'il nous écrit de Saint-Denis, à « la date du 10 mai, lorsque j'ai été sur le point de « quitter le sol de la patrie ? C'est une émotion « indéfinissable. Cependant la grâce ne fait pas « défaut. A tous les autres sacrifices on joint « encore celui-là. Dieu se charge de compter, et « rien ne sera perdu, car on traite avec un père « bon et généreux. A 3 heures, on lève l'ancre, « la machine à vapeur fait entendre ses mugisse- « ments, le signal est donné, on part... Adieu, « France !... adieu, mon pays !... adieu, parents « bien-aimés !... au revoir au Ciel !... »

Qu'on dise maintenant, si on en a le courage, que la religion tarit la source des affections, et qu'en s'attachant à Dieu, on cesse d'aimer sa famille et sa patrie !

CHAPITRE VI.

LA MISSION DE NOSSI-BÉ.

Le cœur du P. Barbe subit un vrai martyre lorsqu'il vit se briser les liens qui l'attachaient à la terre natale, et qu'il n'avait jamais trouvés si forts que lorsque le moment fut venu pour lui de les rompre pour jamais. Le corps dut aussi avoir sa part. A deux reprises différentes, le mal de mer lui fit sentir ses atteintes et le fatigua beaucoup près d'Aden et des Seychelles. Le Père nous dit bien qu'il lui semble avoir été traité avec ménagement et qu'il aurait pu être plus tourmenté ; mais nous savons ce que ce langage signifie dans sa bouche ; nous savons qu'à Nossi-Bé, lorsqu'un climat meurtrier l'amènera aux bords de la tombe, il gardera le silence, et les supérieurs, effrayés de son état, seront obligés de le rappeler sous le ciel plus clément de l'île de la Réunion ; nous savons qu'à Madagascar, après avoir été en proie aux tortures de la faim, il en oubliera les horreurs pour ne penser qu'à remercier Dieu dont la main l'a sauvé; nous savons qu'à Tamatave, trois jours avant de rendre son dernier soupir, le sourire passera sur ses lèvres déjà touchées et décolorées par le doigt de la mort. Ainsi font les hommes de Dieu : ils souffrent, et, à l'exemple de leur divin Maître, ils n'ouvrent pas la bouche pour se plaindre.

Le 4 mai 1867, le P. Barbe abordait à Saint-Denis. Le P. Supérieur de la Mission, le P. Recteur du collège et le P. Ministre vinrent le recevoir à l'entrée du port, et l'amenèrent à la Résidence. Le lendemain il apprenait officiellement que sous peu de jours il allait partir pour Nossi-Bé. « Je vous laisse à penser, écrit-il à ses parents, « quelle dut être ma joie en apprenant cette heu- « reuse nouvelle. J'étais réellement privilégié ; car « aucun Père arrivant de France n'entre en Mis- « sion qu'après deux ou trois ans. Saint Joseph, à « qui j'avais confié mon avenir, s'entend parfaite- « ment à arranger toutes choses. »

Le samedi 11 mai, il s'embarquait sur le *Maurice*, navire marchand en partance pour Nossi-Bé ; l'équipage se composait d'une vingtaine de passagers, parmi lesquels une Sœur de Saint-Joseph de Cluny, se rendant à Mayotte, quelques employés du gouvernement, et plusieurs commerçants, chercheurs d'aventures et surtout de fortune. La mer était agitée, le vent violent mais favorable, en sorte qu'ils purent immédiatement prendre le large. Ils ne tardèrent pas à arriver en face des côtes est de Madagascar, qu'ils devaient ensuite avoir toujours en vue. Tout à coup le calme le plus plat se fait autour d'eux et les oblige à demeurer à peu près stationnaires pendant l'espace de deux jours et de deux nuits. Le vendredi ils mouillaient en face de Manoro ; ils y laissaient une famille Hova, dont le chef, homme très riche, né d'un Français et d'une Malgache, invita le Père et le capitaine à descendre à terre pour souper et passer la nuit dans sa case. La proposition fut acceptée ; des pirogues furent aussitôt expédiées, et, quelques instants après, le P. Barbe, au comble de ses vœux, foulait pour la première fois cette terre de Madagascar, objet de ses plus ardents désirs. Son cœur battit avec force et des larmes tombèrent de ses yeux lorsqu'il baisa ce sol étranger qui deve-- nait pour lui une seconde patrie et le théâtre de ses travaux apostoliques. Il fut princièrement traité par le Hova, qui le combla d'honneurs ; il baptisa deux petits enfants, et bénit la maison nouvellement construite de celui qui le recevait si cordialement: ce furent les prémices de son ministère à Madagascar. M. Fourbon, tel était le nom de son hôte, ne savait comment lui témoigner sa reconnaissance ; il lui donna, comme récompense, une petite calotte malgache et une grande quantité de café. Le bon Père, après cette prise de possession, s'arracha avec peine à cette terre qu'il aimait déjà et où il aurait volontiers fixé sa tente ; mais Nossi-Bé l'attendait ; le 18, il en reprenait le chemin, et le 25, après la plus heureuse des navigations, il entrait à Hell-Ville.

Nossi-Bé (*nossi,* île ; *bé,* grande) est une île assez considérable, au nord-ouest de la grande terre de Madagascar, dont elle n'est séparée que par un bras de mer de trois à quatre lieues de largeur ; elle s'appelle la grande île parce qu'elle est en effet plus étendue que la multitude d'îlots qui l'entourent. Vers 1842, elle s'est donnée à la France ; depuis ce temps, elle est gouvernée par une administration toute française ; elle a un commandant civil, un commandant militaire, un intendant général, un docteur en médecine et un juge.

La Mission catholique a près de 40 ans d'existence dans ces contrées ; elle a été créée par les Pères Jésuites qui, à cause du malheur des temps, l'ont cédée, il y a quelques mois à peine, aux Pères du Saint-Esprit. Elle a eu plusieurs phases diverses ; deux fois elle a semblé prospérer ; deux fois aussi elle a été presque réduite à néant. Au moment où le P. Barbe y fut envoyé, elle semblait se relever un peu, et elle comptait un excellent noyau de catholiques parmi les Malgaches eux-mêmes. Les blancs qui sont dans ces parages donnent en général peu de consolations aux missionnaires ; ils songent, avant tout, à conserver leur position administrative, à faire valoir leurs propriétés, qui consistent en de vastes plaines de cannes à sucre et en plants de café, à exercer le commerce des toiles, de l'épicerie et surtout de liqueurs enivrantes qui, à Madagascar comme partout ailleurs, sont la source des plus grands désordres.

Les indigènes sont presque tous de la race des Sakalaves, qui ont soutenu vaillamment leur indépendance contre les Hovas, aujourd'hui régnant à Madagascar. Ils sont disséminés dans l'île au nombre de dix mille environ, et sont pour la plupart païens ou sectateurs de Mahomet ; leur conversion au catholicisme est très difficile, et chacune, prise individuellement, demande un prodige de grâce. Ce n'est pas qu'ils tiennent à leur religion ; ils n'en ont aucune ; ils ne connaissent que quelques pratiques superstitieuses et ridicules. Hommes sans énergie, nonchalants et paresseux, ils ont une horreur profonde pour tout ce qui nécessite un peu de peine, et ils trouvent qu'apprendre la *Prière* des chrétiens demande du travail et de l'assiduité. Ils se fatiguent bientôt, et abandonnent sans aucun regret l'œuvre entreprise. Le jour où l'on ouvre dans un village une nouvelle chapelle, l'enceinte en est trop étroite pour la multitude qui s'y presse ; peu à peu la foule diminue, et le missionnaire finit par se trouver seul avec quelques personnes sur lesquelles Dieu semble avoir des desseins tout particuliers de miséricorde.

Et puis, la doctrine catholique n'impose-t-elle pas à la nature de pénibles sacrifices? Les Malgaches n'ont jamais suivi dans leur conduite que leurs instincts les plus grossiers; une parole surtout les épouvante : c'est celle qui tomba un jour des lèvres de Notre-Seigneur et du disciple qu'il aimait : « Bienheureux les cœurs purs! le ciel leur est réservé; rien d'impur n'entrera jamais dans le royaume des cieux. »

Tels étaient les hommes auxquels le P. Barbe venait porter la Bonne Nouvelle. Son premier soin, pour se mettre en rapport avec eux, fut d'apprendre leur langue, entreprise pénible qui demande plusieurs mois de travail persévérant et d'application soutenue. Le Malgache a une idiôme tout différent de celui qu'on trouve chez les anciens et les modernes; l'étranger qui veut être initié à ses secrets doit apprendre chaque mot l'un après l'autre, se faire aux constructions et surtout, chose très difficile, exercer son oreille à la manière dont parlent les naturels du pays.

Le P. Barbe se mit résolûment à l'œuvre, et après six mois d'exercice il s'exprimait de manière à être parfaitement compris. C'est alors qu'il entre dans la réalité de sa vie d'apôtre, qu'il se dépense tout entier pour le salut de ses frères, qu'il se fait tout à tous, pour les gagner tous à Jésus-Christ.

Veut-on avoir maintenant un aperçu de sa vie de missionnaire? Il nous le donne lui-même dans une lettre adressée à sa sœur. Nous la citons intégralement.

« Nossi-Bé, le 8 mars 1868.

« Ma bonne et bien chère sœur,

« Que la poste est une admirable invention, et
« que Dieu, en nous en ménageant les ressour-
« ces, se montre plein de charité à notre égard !
« Il nous permet de nous entretenir ensem-
« ble de temps en temps ici-bas, en atten-
« dant que nous puissions le faire là-haut tout à
« notre aise et sans discontinuer. C'est alors que
« nous serons heureux ! Encore quelques jours, et
« nous y sommes !

« Puisqu'il nous est permis de causer par lettre,
« causons donc fraternellement et sans céré-
« monie. Pour procéder avec ordre, je vais tâcher
« de répondre aux quelques questions que tu me
« poses.

« Avant tout, il faut que tu saches quelle déno-
« mination on a donnée à la Mission de Madagas-
« car ; on l'a nommée la mission des fièvres, de l'é-
« preuve et de la souffrance : la mission des fièvres,
« parce que tous ceux qui habitent ces contrées
« tropicales et malsaines y sont plus ou moins
« sujets ; la mission de l'épreuve, parce que les
« conversions y sont peu nombreuses et qu'on
« a toutes les peines du monde à conserver dans la
« bonne voie les personnes déjà converties ; la
« mission de la souffrance, parce que nous ne nous
« trouvons jamais ou presque jamais dans un état de
« santé parfaite.

« Mes occupations sont diverses ; cependant je
« ne travaille pas encore comme j'espère le faire

« dans la suite. Je trouve qu'on me ménage beau-
« coup ; mais on a besoin de tant de précautions, sur-
« tout au commencement, pour ne pas tomber
« malade ! Voici donc à peu près ce que je fais :
« tous les jours, étude sérieuse de la langue mal-
« gache pendant un temps plus ou moins considé-
« rable. Je suis aussi spécialement chargé de la
« *haute* surveillance des enfants ; ils sont au nom-
« bre de 80 environ, dont 60 pensionnaires, res-
« tant toujours avec nous. Ce ministère, tout hum-
« ble et tout ingrat qu'il paraisse, est cependant un
« des plus utiles et des plus importants pour la
« Mission. Chaque semaine je prêche deux fois en
« français, le samedi soir et le dimanche matin ;
« deux fois aussi je vais faire le catéchisme dans
« ma chapelle de Saint-Joseph d'Ambodivanio ; en-
« fin le jeudi et le dimanche, j'instruis les élèves des
« Sœurs, qui ont en ce moment une école floris-
« sante. Si à cela tu ajoutes quelques excursions
« dans les villages païens, quelques confessions,
« quelques sacrements administrés, tu auras, ma
« chère sœur, une idée assez exacte de mes petits
« travaux apostoliques.

« Ta seconde question est celle-ci : « De quoi
« est composé ton modeste presbytère ? » Pendant
« longtemps les missionnaires ont habité des cases
« ayant pour murailles des bâtons placés les uns
« à côté des autres, et pour toit quelques grandes
« feuilles prises dans la forêt. Le plancher consistait
« en une écorce d'arbre ; c'est d'ailleurs le seul
« genre de construction connu parmi les indigènes.
« Aujourd'hui nous avons un presbytère avec des
« murailles et des fenêtres, comme en France ;
« seulement le toit est encore en feuilles, de telle
« sorte que, pendant la saison des pluies, la maison

« fait eau de toutes parts. Sauf cet inconvénient,
« nous nous trouvons encore assez à l'aise dans
« notre habitation. Pas de luxe, non ; pas trop de
« propreté même ; tous les murs portent la mar-
« que de la pluie qui a coulé avec abondance.
« Comme le gouvernement français a fait bâtir
« notre établissement, c'est lui aussi qui se charge
« de l'entretenir et de l'approprier. Nous sommes
« donc obligés de passer par toutes les formalités
« administratives avant d'obtenir ce qui nous est
« nécessaire : cela va fort lentement, et pas tou-
« jours au gré de nos désirs. Mais si les mission-
« naires ne souffraient pas un peu, quel bien
« feraient-ils aux âmes? Combien qui sont plus
« pauvres et plus malheureux autour de nous !

« En troisième lieu, tu veux savoir quelle est
« notre nourriture ici. Dieu, sur ce point, nous
« traite encore mieux que nous ne le méritons, tu
« vas en juger toi-même. Nous avons dans le pays
« presque toutes les productions nécessaires à notre
« subsistance : *il n'y manque que le pain et le vin.*

« Ceux qui sont riches peuvent s'en procurer ; on
« apporte de la farine plus ou moins avariée, et
« du vin de toutes sortes, même des meilleurs crûs,
« s'il faut s'en rapporter aux étiquettes. Voici donc
« les productions de Madagascar et de Nossi-Bé
« en particulier : café excellent, sucre non raffiné
« et tiré des cannes du pays, riz en abondance
« et qui tient lieu de pain pour la plupart des ha-
« bitants, beaucoup de poisson, bœuf renommé,
« volailles de toute espèce, tous les fruits des pays
« tropicaux, comme mangues, citrons et bananes.
« Les légumes n'y sont pas trop nombreux ; les
« Européens ont bien cherché à les naturaliser sur
« ce sol ; mais, après avoir bien poussé une première

2**

« fois, ils s'abâtardissent ensuite, et ne peuvent
« plus se reproduire; il faut pour cela de nouvelles
« semences venues d'ailleurs. En somme, on peut
« vivre ici sans trop de difficultés ; malheureuse-
« ment les estomacs refusent de temps en temps
« toute nourriture. Par bonheur, l'homme ne vit
« pas seulement de pain, et si parfois le corps
« éprouve quelques souffrances, l'âme en est d'au-
« tant plus consolée.

« Un mot en terminant sur ma petite chapelle
« de Saint-Joseph d'Ambodivanio (*an* au, *body*
« pied, *vanio* du cocotier), village au pied du coco-
« tier. Il faut que je te dise qu'elle est terminée
« depuis longtemps; il n'a pas fallu plus de huit
« jours pour cela ; elle est faite comme toutes les
« cases malgaches, et je t'ai dit plus haut comment
« elles sont construites. Voici tout son ameublement:
« 18 bancs plus ou moins bien travaillés pour y faire
« asseoir mes auditeurs, un bénitier en coquillage,
« au-dessus duquel se trouve une image du cruci-
« fiement; au milieu de la chapelle, deux autres
« gravures représentant, l'une la mort, l'autre
« Dieu donnant la loi à Moïse; l'autel, c'est-à-
« dire quatre pieux plantés en terre ayant pour
« entablement quatre planches plus ou moins bien
« jointes; une petite statue de la sainte Vierge, une
« autre de saint Joseph, un crucifix en image,
« enfin deux images du Cœur de Jésus et de Marie;
« pas autre chose. Tu as là, ma bonne sœur, l'énumé-
« ration complète de tout ce que je possède à Saint-
« Joseph d'Ambodivanio; maintenant, mets-toi en
« face de la sacristie de Tilh et de ses magnifiques
« autels, et, faisant la comparaison, vois ce qui
« peut me manquer....,.....

« Adieu ! je t'embrasse avec effusion dans les
« saints Cœurs de Jésus et de Marie !

« Ton frère qui t'aime tendrement,

« F. Barbe, s. j. »

En même temps qu'il nous fait connaître les occupations qui se partagent son temps, le P. Barbe nous donne dans cette lettre le programme de chacune de ses journées ; et ce programme, il le suivra point par point, sans presque jamais s'en écarter, pendant les quatre ans qu'il passera à Hell-Ville.

Le soin des enfants, et surtout des enfants malades, sera l'objet de ses préoccupations ; s'il peut leur administrer le baptême avant leur dernier soupir, n'aura-t-il pas gagné leurs âmes à Dieu ? Mais ce n'est qu'au prix de difficultés inouïes qu'il pourra arriver jusqu'à eux ; car c'est un préjugé à Madagascar que si un prêtre catholique voit un malade et lui parle, cet infortuné est infailliblement condamné à mourir. Aussi, non seulement le missionnaire n'est pas admis à le visiter, mais encore on le lui cache, on le fait disparaître. S'il demande de ses nouvelles, on lui répond effrontément qu'il s'en est allé bien loin, et le plus souvent il n'est qu'à trois ou quatre pas, blotti dans un coin de la case. Si le missionnaire ne trouve pas alors le moyen de pénétrer jusqu'à lui, c'en est fait de son âme. Quel malheur et quel chagrin pour le cœur du prêtre de Jésus-Christ ! car si, dans ces parages étrangers, il lui était donné de pouvoir librement assister tous ceux qui passent de ce monde à l'autre, il ferait une si belle moisson d'élus pour le ciel !

Aux épreuves morales que causait au cœur du
P. Barbe la vue de l'inefficacité de ses efforts vinrent s'ajouter les souffrances corporelles. La fièvre
qui règne en maîtresse sur les îles lui fit sentir ses
atteintes, et voici à quelle occasion :

« Le 23 août 1868, écrit le P. Barbe, je me
« rendais à ma chapelle d'Ambodivanio. Pour y
« arriver, il faut traverser un petit bras de mer qui,
« à la marée descendante, est presque à sec; ordi-
« nairement je me sers d'une pirogue; mais ce jour-
« là la chose était impossible, il n'y avait pas assez
« d'eau pour aller en barque, et il y en avait trop
« pour que je pusse passer à pied sec. J'étais donc
« dans un grand embarras, d'autant plus que je me
« trouvais en retard. O bonne Providence! voilà que
« tout à coup se présente devant moi un noir du
« pays, homme fort et vigoureux; je lui demande de
« vouloir bien me transporter de l'autre côté de la
« rive sur son dos. Il y consent de bonne grâce; les
« enfants seuls dans notre pays de France connais-
« sent cette manière de voyager ; de fait, ici, nous
« nous trouvons au milieu d'un peuple d'enfants. Ne
« riez pas trop de voir un missionnaire en cet équi-
« page. Tout irait pour le mieux si une mésaventure
« ne m'attendait durant le trajet. L'espace à par-
« courir dans l'eau et dans la vase était de 15 mètres
« environ. Déjà mon porteur avait fait quelques pas
« lorsque, sans s'en douter, il pose le pied dans un
« trou assez profond; le poids qui surchargeait
« ses épaules lui fait perdre l'équilibre, il s'abat et
« me jette avec lui au beau milieu de l'eau. Je me
« relève tranquillement, et j'arrive seul de l'autre
« côté; mon porteur ne semble guère ému, pas un
« mot ne s'échappe de sa bouche; c'est à peine s'il
« me regarde, et après s'être un peu débarbouillé

« lui-même, il poursuit son chemin, et oncques
« plus je ne l'ai rencontré. Pour moi, j'exprime
« l'eau de mes bas et de ma soutane; pendant ce
« temps, mes souliers sèchent au soleil, et puis j'ar-
« rive, comme si rien n'était, à la chapelle de Saint-
« Joseph.

« Ce jour-là, avait lieu l'enterrement d'une femme
« chrétienne appartenant à une des plus gran-
« des familles du pays, et la foule était considéra-
« ble. La vue de cette multitude me rend éloquent;
« je fais en malgache un sermon comme je n'en
« avais jamais fait; ensuite je commence le caté-
« chisme, qui dure environ une heure, de telle sorte
« que je ne rentre au presbytère que vers le soir.
« Mes habits étaient à peu près secs, et je ne sen-
« tais aucune indisposition. Quelques jours se pas-
« sent; je puis vaquer à mes occupations ordinaires
« sans éprouver autre chose qu'un petit malaise
« inaccoutumé. Le dimanche, huit jours après mon
« accident, je dis la messe, je prêche, je fais le caté-
« chisme; vers deux heures de l'après-midi, ma tête
« est prise pour tout de bon: c'était le symptôme de
« la fièvre. Elle est venue en effet, et aurait pu me cau-
« ser la mort, les exemples en sont de tous les jours.
« Dieu ne m'a pas encore trouvé digne du Ciel. »
Un peu plus tard, car c'était vers la fin de son
séjour à Nossi-Bé, le P. Barbe faisait une excursion à la Grande Terre de Madagascar. Nous n'hé-
sitons pas à lui en emprunter le récit; il nous fera connaître les mœurs du pays où ses Supérieurs, par
égard pour sa santé affaiblie et le plus grand bien
des âmes, ne devaient pas tarder à l'envoyer.

« Ma campagne à la Grande-Terre, écrit-il à
« son frère le 9 juin 1870, a duré cinq jours; j'ai
« passé deux jours en pirogue et trois jours sur

« les côtes ; ces côtes, je les ai parcourues sur une
« longueur de 15 à 20 lieues. J'ai d'abord accosté
« près d'un grand village, le plus considérable de
« tous ceux que j'ai vus ensuite. Le chef de ce
« village est un demi-frère d'un de nos bons
« chrétiens : aussi ai-je été reçu avec tous les
« honneurs possibles. Introduit dans la case de ce
« chef, les personnages les plus marquants se sont
« réunis autour de moi, et après les compliments
« ordinaires qui sont partout les mêmes, on m'a
« offert le *hasina* ou présent des rois : il consis-
« tait en une espèce de crible, plein d'un riz blanc
« comme neige, et en deux poules d'une assez belle
« apparence. Cela fait, on me conduit dans la
« case qui m'a été préparée ; puis chacun vient me
« rendre visite, selon que son cœur ou ses intérêts
« l'y portent. On hume surtout l'odeur de mon
« dîner, qui cependant est bien modeste ; il y aura
« quelques invités. Les Européens ne se doutent
« pas de la voracité de ces sauvages ; malheur à
« eux s'ils ne se servent pas les premiers ! ils
« pourraient bien se contenter de regarder leurs
« convives.

« Fatigué du voyage, je me hâte, vers le com-
« mencement de la nuit, d'aller prendre mon repos.
« Hélas ! je n'avais pas fait attention qu'à cause
« de mon arrivée il y avait grande fête et
« grande réjouissance au village ; le bruit, le ta-
« page, le vacarme, les hourras, les vociférations,
« les hurlements se prolongent bien avant dans la
« nuit. Enfin le calme se fait dans tout le village.
« Mais ne voilà-t-il pas qu'en ce moment deux ou
« trois hommes viennent se poser sur le seuil de
« ma porte ? Et là, pendant toute la nuit, ils ne
« font que deviser et crier sans aucune interrup-

« tion. Ces trois hommes étaient des gardes qu'on
« avait placés autour de ma case par honneur, et
« aussi pour me défendre contre tout danger.
« Le lendemain, je n'eus pas trop de peine à me
« réveiller : je n'avais pas fermé l'œil. Au point
« du jour, je prépare l'autel pour dire la messe ;
« c'était la première fois qu'on la célébrait en ces
« lieux. Aussi la curiosité de ces braves gens était-
« elle piquée au suprême degré ; ils étaient fort
« nombreux, peut-être de deux à trois cents. Je
« commence le saint Sacrifice ; après l'Evangile,
« prière et instruction. Vous dire l'attention avec
« laquelle on m'a écouté les deux fois que j'ai
« parlé, est impossible. Je ne sais l'effet réel qui
« aura été produit ; ce qu'il y a de certain, c'est
« qu'on m'a prié, avant de partir, de venir me
« fixer au village, avec la promesse de me faire
« élever une case et une chapelle. Je pars après
« la messe et un maigre déjeuner ; je vois beaucoup
« de villages et beaucoup de monde, et partout ou
« presque partout je suis fort bien accueilli. Je dis
« presque partout, parce que j'ai été dans le village
« d'une certaine reine où ma présence a d'abord
« jeté l'alarme ; puis on s'est rassuré et on m'a rendu
« des honneurs plus grands que partout ailleurs. Le
« lendemain, je me dirigeais du côté opposé, et j'al-
« lais demander l'hospitalité à un roi, chrétien de-
« puis quelque temps ; il a tout mis en œuvre pour
« me fêter d'une manière convenable. La messe a
« été célébrée avec beaucoup de solennité ; plusieurs
« chrétiens d'Hell-Ville se trouvaient par hasard
« dans ce village ; ils ont prié et chanté ensemble ;
« les païens étaient fort contents ; et Dieu, j'ose
« le croire, aura été glorifié. Sans prendre beau-
« coup de repos, j'ai rayonné de côté et d'autre,
« afin de me rendre compte des lieux et des per-

« sonnes. Enfin, le cinquième jour est arrivé, et
« il m'a fallu rentrer au logis. Mais Dieu a voulu
« que j'eusse autre chose que de la joie dans ce
« voyage ; huit jours après, j'étais pris par une
« courbature qui m'a fatigué ; puis est venu un
« fort rhume qui m'a donné un peu de fièvre. Au
« moment où je vous écris, me voilà rétabli et à la
« besogne comme à l'ordinaire. Priez et faites
« prier pour moi. »

Après son expédition, le P. Barbe rentra à
Hell-Ville : pendant les quelques mois que l'obéissance devait l'y laisser encore, il s'employa de tout
son pouvoir à affermir les œuvres qu'il avait entreprises et que son zèle et son dévouement faisaient
prospérer, malgré les difficultés inouïes qui devaient en paralyser les efforts. Aussi, au moment
de quitter le premier théâtre de son apostolat,
pouvait-il s'arrêter à considérer avec bonheur les
résultats acquis et le chemin parcouru par les
âmes qui s'étaient montrées fidèles à recevoir sa
direction.

Aux dernières fêtes de Noël, sa pauvre église
d'Ambodivanio était splendide ; l'autel étincelait
de mille feux, une multitude de chrétiens se pres-
sait à la sainte table, les chants étaient magnifiques
et l'enthousiasme indescriptible. Le bon Père pleu-
rait de joie à la vue de ce spectacle, et se croyait
dans une des plus ferventes paroisses de France. Le
Mois de Marie était solennisé avec la plus grande
pompe et suivi par la majorité des fidèles ; le mois
de saint Joseph surtout se célébrait avec un éclat
auquel on n'était pas habitué dans ces pays infidèles. « Chaque soir, écrivait le missionnaire, ma
« petite chapelle se remplit d'une foule considé-
« rable. Les deux chefs du village se sont

« sentis comme par enchantement saisis **d'un**
« saint zèle et d'un véritable enthousiasme ; ils al-
« laient eux-mêmes dans les cases inviter tout le
« monde à la prière, et, chose que je n'avais jamais
« vue, tous se faisaient un plaisir d'accourir avec
« empressement. Le R. P. Supérieur est venu le
« jour des Rameaux présider notre réunion ; il a
« été émerveillé en voyant la bonne tenue et le
« nombre de mes *paroissiens*. Le lendemain, les
« Sœurs de Saint-Joseph, avec toutes leurs enfants,
« ont fait leur pèlerinage à Ambodivanio ; même
« concours et même recueillement que la veille
« de la part des gens du village : aussi le mois de
« saint Joseph fera époque dans les annales de
« Nossi-Bé. Mes catéchismes sont suivis, mes
« instructions fréquentées et mes écoles pros-
« pères ; Dieu, en un mot, bénit visiblement mon
« ministère d'apôtre. »

Hélas ! le travail excessif avait affaibli ses forces,
et les attaques réitérées de la fièvre épuisé son
corps ; ses Supérieurs le rappelèrent. Il quitta,
le cœur brisé, ses chers chrétiens de Nossi-Bé ;
mais, afin de se consoler de sa légitime douleur, il
pouvait répéter, pour se l'appliquer à lui-même, la
parole du prophète royal : A mon arrivée dans
cette terre, j'ai semé dans les larmes, et au moment de m'en éloigner pour jamais, je moissonne
dans la joie.

CHAPITRE VII.

LE P. BARBE A MADAGASCAR.

Le P. Barbe nous annonça lui-même qu'il était appelé à une nouvelle destination ; voici la lettre qu'il écrivait à son frère pour le lui apprendre :

« En vue des Seychelles, 12 janvier 1871.

« Mon bien cher frère,

« Le Supérieur général de la Mission me mande
« à Saint-Denis ; j'ai quitté Nossi-Bé le 27 dé-
« cembre. Le bateau qui doit me conduire aux
« Seychelles m'a fait passer à Mayotte, où je me
« suis arrêté une dizaine de jours. Nous en repar-
« tions le 7 janvier, et nous voici en vue des îles
« Seychelles. Là je vais prendre la Malle, qui
« m'amènera d'un trait à la Réunion.

« Jusqu'à l'heure nous avons fait bonne route ;
« nous n'avons eu que deux jours de grosse mer.
« Je n'entre dans aucun détail, je pourrai le faire
« plus tard ; pour le moment, je dois me contenter
« de vous écrire en style télégraphique. Je me
« trouve encore sur notre petit navire de guerre
« la *Surprise;* le roulis et le tangage m'empêchent
« de former les lettres, l'encre est mauvaise et
« refuse de sortir de la plume. Je griffonne ; par-
« donnez-moi.

« Il me semble que vous me demandez ce que
« je vais faire à la Réunion. Pour le moment, je
« serais bien embarrassé pour vous le dire ; cepen-
« dant je crois qu'on veut d'abord me donner un
« peu de repos ; ensuite on m'enverra peut-être
« dans quelque point de la Mission. Depuis le
« mois de mai dernier, il est vrai que j'ai eu
« quelques fièvres qui m'ont un peu affaibli ; mais
« après ces quelques jours de navigation on, dirait
« que je n'ai jamais été malade. Ainsi, s'il faut
« s'en rapporter aux apparences, ma convales-
« cence ne sera pas de longue durée... A quoi
« suis-je destiné ? Dieu le sait ! Cela dépendra des
« besoins de la Mission. On prétend que je pour-
« rais bien aller à Tananarive ; n'en croyez rien
« jusqu'à ce que je vous l'annonce moi-même. »

Vers le 15 janvier, il arrivait à la Réunion. Il
reprend lui-même son histoire, et voici en quels
termes :

« L'air pur de l'île exceptionnelle que j'habite
« n'a pas tardé à me rendre les forces et la santé ;
« je n'ai eu pendant deux mois que deux petits
« accès de fièvre tout à fait insignifiants, puisque
« je pouvais travailler, confesser, prêcher, et
« qu'on aurait pu dire que je n'avais jamais été
« malade. Tout à coup et sans m'y attendre, je
« suis pris par un accès de fièvre jaune, et je me
« trouve à deux doigts de la mort ; je fais par
« précaution ma confession générale et je me pré-
« pare à aller paraître devant Dieu ; mais Dieu
« pour cette fois s'est contenté de l'épreuve et
« n'a pas voulu m'appeler près de lui. Tout cela
« se passait pendant le mois de mars consacré à
« saint Joseph, mon patron de prédilection. Après

« un séjour de quatre semaines à l'hôpital mili-
« taire, soigné par d'habiles médecins et surtout
« par les excellentes Sœurs de Saint-Joseph, je me
« suis trouvé en pleine convalescence. »

Rendu à la santé, le P. Barbe a la consolation
de reprendre son œuvre. Un ordre de ses Supérieurs lui enjoint de partir pour la Grande-Terre.
Le 27 mai, il prend le chemin de Madagascar.

Le voyage le fatigua beaucoup, et nous n'en sommes nullement surpris.

Pour se transporter d'un lieu à un autre dans
ces pays lointains, on se sert d'une espèce d'é-
chelle qu'on appelle *Filanzana*, balançoire ; le
voyageur s'asseoit là-dessus sur un siège plus ou
moins bien installé, les jambes pendantes. Quatre
hommes vigoureux prennent ce brancard sur leurs
épaules et marchent d'un pas rapide. Pendant quelques heures, ce moyen de locomotion est supporta-
ble ; mais quand il doit durer plusieurs jours, il ne
tarde pas à devenir ennuyeux. Les chemins sont
comme on n'en voit pas dans tout autre pays, ou
plutôt il n'y en a point. Et si encore, pour refaire
ses forces épuisées, on avait une nourriture convenable ! mais il faut se contenter de ce qu'on trouve
sur sa route, on dort presque sur la terre nue,
dans une case qui laisse le plus souvent passer le
vent et la pluie ; cependant le missionnaire avance
toujours, il est gai, et il finit par arriver ; il oublie
alors toutes les peines du voyage et ne songe
qu'à remercier Dieu.

Le P. Barbe s'arrêta à Andévorante, gros village où deux Pères avaient entrepris une Mission

sans obtenir de grands résultats. Le cœur de notre apôtre se serra douloureusement à la vue du dénûment dont il fut le témoin ; pas d'église, pas de logement, pas de linge, pas de pain ; c'est la pauvreté portée à sa dernière limite.

« Ah ! vraiment, s'écriait-il dans une de ses
« lettres, si les missionnaires ne se sauvent pas,
« je ne sais pas pour qui sera le ciel. »

Après mille péripéties qu'il serait trop long d'énumérer, il entrait le 5 juillet dans la capitale de Madagascar. L'épreuve l'y attendait, et il apprenait successivement à des intervalles très rapprochés la mort de son frère, soldat de la France, qui succomba à Posen aux souffrances de la captivité et aux rigueurs de l'exil, celle de sa sœur aînée et d'un de ses neveux. « Pauvre et bien-aimé frère !
« s'écriait-il dans une lettre adressée à sa famille
« le 10 janvier 1872. Félix nous a donc quittés !
« Heureusement que les bons chrétiens ne se sépa-
« rent pas pour toujours, nous les retrouverons dans
« une meilleure vie. Je dirai, en changeant un peu
« les paroles : Non, il n'est pas possible que l'en-
« fant d'une famille si chrétienne, et le frère de
« deux prêtres périsse ! Il était le plus jeune, et
« il nous a tous devancés dans la tombe. Nous ne
« tarderons pas à le suivre ; tenons-nous prêts !

« Quelle peine j'ai éprouvée encore en appre-
« nant la perte douloureuse de notre bonne sœur
« Marcelle : je l'aimais d'une affection toute parti-
« culière... Bienheureux ceux qui meurent de la
« mort des justes ! Que telle soit la nôtre ! Que
« tous, membres d'une même famille, après avoir
« été séparés sur cette terre, nous nous retrouvions

« dans l'éternelle Patrie où l'on est heureux, et
« où l'on ne se quitte plus !

« Votre lettre ne me parle que de mort. *Fiat !*
« le cantique a bien raison de dire : nous passons
« comme une ombre vaine ; nous ne naissons que
« pour mourir. Mais j'aime à le croire, la mort de
« notre cher et regretté neveu, moissonné au prin-
« temps de la vie, aura été précieuse devant le
« Seigneur… Vous êtes tous comme morts pour
« moi, puisque je suis sûr de ne vous retrouver que
« dans l'éternelle Patrie, et cependant je me rési-
« gne avec amour à cet immense sacrifice. Disons
« tous ensemble : Que la volonté de Dieu soit
« faite ! »

La croix a marqué la première étape du missionnaire courant vers la terre que la main de Dieu lui
a montrée et les âmes qui l'attendent ; il peut donc
avancer avec confiance : son ministère sera béni
et son apostolat fécond en fruits de salut.

Lorsque les hommes de Dieu s'en vont à la conquête des âmes sur la terre étrangère, ils ont besoin, au milieu des peines qu'ils rencontrent, de se
rappeler, pour ne pas perdre courage, la parole
tombée un jour des lèvres du divin Maître : « Ne
craignez pas ; confiance ! j'ai vaincu le monde, et
voici que je suis avec vous tous les jours jusqu'à la
consommation des siècles. »

Les difficultés qui s'opposent en tous lieux à
l'extension de l'Évangile sont peut-être plus nombreuses à Madagascar que partout ailleurs, et elles
viennent aux propagateurs de la Bonne Nouvelle
de la part du gouvernement, du peuple, et surtout

du protestantisme, qui depuis de trop longues années a conquis droit de cité dans le pays.

Un homme d'un grand sens et d'une grande intelligence a défini les Malgaches un peuple d'esclaves, et cette définition paraît juste. La reine donne un ordre ; cet ordre est aussitôt transmis aux grands du royaume, qui, sans aucune réclamation, le font passer à leurs sujets, et tous s'inclinent docilement devant la volonté de la souveraine. Sans doute elle a, quoique protestante, porté un édit qui proclame la liberté pour chacun de passer, s'il le veut, au catholicisme ; mais quiconque connaît ces pays sera forcé d'avouer qu'il faut aux Hovas un véritable héroïsme pour embrasser une religion qui est en contradiction avec celle de leur reine. Et si encore les traités conclus avec la France étaient observés ! mais non. On fait bien en haut lieu les plus belles protestations d'impartialité et même de dévouement aux missionnaires ; mais lorsque le moment est venu de tenir parole, lorsqu'on sollicite l'intervention des grands pour obtenir la réparation d'une injustice ou une concession à laquelle tous indistinctement peuvent prétendre, on ne tarde pas à s'apercevoir de quel côté penche la balance, et de reconnaître que celui qui le premier a eu l'audace d'affirmer que l'homme a reçu la parole pour dissimuler sa pensée a trouvé de l'écho jusque sur la terre lointaine de Madagascar.

Et puis, quel abîme de corruption creusé par le paganisme sous les pas de ces hommes ! La morale austère de l'Évangile, le détachement des biens de la terre, la nécessité de mener une vie pure les épouvantent ; et leur indolence native, leur amour de l'or et du bien-être, leur sensualité les arrêteront lorsque la grâce sollicitera leurs âmes ; mille obstacles imprévus rendront leur conversion difficile, et mettront leur persévérance en péril. Le cœur de la plupart d'entre eux est ouvert à toutes les passions et à toutes les erreurs, et ressemble parfaitement à ce terrain plein d'épines dont parle Notre-Seigneur, sur lequel tombe inutilemeut la bonne semence, parce que les sollicitudes de la vie et les jouissances matérielles viennent l'étouffer.

L'ennemi est là d'ailleurs, et il a jeté l'ivraie à pleines mains dans le champ du Père de famille. Le protestantisme anglais a élu domicile et marche la tête haute à Madagascar depuis près de 60 ans ; les prédicants des diverses sectes, avec le fanatisme qui les distingue, ont juré d'y établir la religion du libre-examen. L'Angleterre, qui voudrait courber l'univers entier sous sa domination, sachant que l'or est pour les Malgaches un argument auquel ils ne peuvent résister, en a rempli les mains de ses ministres, qui l'ont prodigué aux grands du royaume pour se concilier leur faveur et leur appui ; et ceux-ci, vendant leur bonne foi et leur conscience au poids de l'or, se sont faits leurs hommes-liges. Ainsi ouvertement soutenus et protégés, les protestants ont été pendant de longues années complètement maîtres du pays, et ils l'ont couvert de temples où une foule considérable se réunit chaque dimanche pour prier.

Tels sont les ennemis que le P. Barbe trouve devant lui le jour où il va fouler la terre que ses Supérieurs lui ont confiée, ennemis redoutables qu'il devra renverser pour bâtir sur les débris de leur puissance vaincue les fondements de l'œuvre divine qu'il a reçu mission d'établir.

Le premier poste qui lui fut assigné était éloigné de dix lieues environ de Tananarive. Avant d'y arriver, il avait écrit de la capitale même, pour nous faire connaître ses impressions et sa situation nouvelle, une lettre qui ne nous est jamais parvenue ; mais celle qu'il nous envoya lorsqu'il fut arrivé à sa destination nous a amplement dédommagés. Nous nous en voudrions de la passer sous silence :

« Tananarive, 10 janvier 1872.

« Mon bien cher frère,

« Ma lettre est datée de Tananarive ; cependant
« je n'habite pas cette ville, mais les environs. Je
« suis bien à ma place ici, ce me semble, et Dieu
« a parfaitement exaucé mes désirs : aussi ne vous
« étonnez pas si je vous dis que je suis aussi con-
« tent qu'on peut l'être, quoique manquant de
« tout. Je me porte bien, encore que je sois loin
« de jouir de toutes les commodités de la vie ;
« mais la Providence ne nous abandonne pas en-
« tièrement. Même ici à Madagascar nous avons
« du pain et du vin venus de France ; seulement
« on nous rationne ; on nous donne une livre de
« pain et un litre de vin pour tous les trois ou qua-
« tre jours. Mon pain n'est pas toujours des plus
« frais ; mon poste se trouvant assez éloigné de
« Tananarive, je ne reçois ma ration que de loin en
« loin. Comme il ne tarderait pas à se moisir, je
« le coupe en petits morceaux, et je le fais sécher
« au soleil ; au moment du dîner, la petite par-
« celle sèche plongée dans un verre d'eau reprend
« son *ancienne* fraîcheur, et on mange de bon

« appétit. Le riz complète le pain, et, vous le com-
« prenez sans que je vous le dise, le remplace le
« plus souvent.

« Mon lit se compose d'un pliant, quand il y en
« a un, d'un sac (appelez-le paillasse si vous
« voulez) rempli d'herbe sèche, de deux draps de
« lit tout déchirés, trop courts pour me couvrir,
« et d'une couverture en laine qui a bien deux
« mille et quelques trous, les uns plus apparents
« que les autres. Vous croyez peut-être que je
« mets de la poésie dans mon récit pour vous
« apitoyer sur mon compte. Point du tout ; c'est
« la pure et simple vérité. Je ne me plains pas, je
« ne demande rien ; aux âmes charitables de voir
« ce qu'elles pourraient faire pour soulager le
« missionnaire de Madagascar. Je dis nos besoins :
« nous manquons complètement de linge, pour le
« corps, pour le lit, et pour la table ; à peine
« avons-nous chacun une serviette ; les nappes
« sont inconnues.

« Rien n'égale la pauvreté de nos églises de
« campagne déjà fondées, et de celles qui se fon-
« dent chaque jour. Pour mon compte, j'en ai cinq,
« et à part les murailles en terre et le toit en
« chaume, il n'y a rien, absolument rien. Les objets
« les plus nécessaires, comme chandeliers, fleurs,
« tableaux, burettes, missels, calices, nous font
« complètement défaut. Je n'ai pas un seul chan-
« delier, pas une seule fleur ; en fait de tableaux,
« j'étale quelques rares images d'Epinal à grand
« effet. Toute ma sonnerie se compose d'une petite
« clochette, qui par malheur s'est fêlée dans ma
« dernière mission ; mes burettes sont deux fioles
« de différente grandeur que j'ai dû mendier çà et
« là ; et encore, heureux de les posséder ! Mon

« missel est vieux et n'a ni le propre de la Com-
« pagnie ni l'office des Saints nouvellement cano-
« nisés ; je ne parle pas de mon calice cuivre-ar-
« gent ; il aurait besoin de repasser par les mains
« de l'orfèvre. La plupart de mes confrères sont
« dans la même nécessité que moi.

« Vous dirai-je maintenant quelque chose en
« particulier sur le district que j'évangélise ? Oui,
« mon cher frère, parce que je sais que cela vous
« intéresse et vous fait plaisir. Vous en connais-
« sez déjà l'étendue. La population n'est pas aussi
« considérable de beaucoup que celle qui avoisine
« immédiatement Tananarive ; je ne compte pas
« un millier de personnes se réunissant chaque
« dimanche à mes différentes assemblées. J'ai fait,
« depuis que je suis ici, 96 baptêmes ; nous n'osons
« pas baptiser trop vite, et peut-être avons-nous
« raison d'en agir de la sorte. Si vous saviez com-
« bien les idées malgaches sont loin d'être en
« rapport avec les idées du christianisme ! Pour
« les inculquer solidement, il faut un vrai pro-
« dige de la grâce. Dieu merci, ce prodige est
« assez fréquent parmi nous. Que n'êtes-vous là
« quand deux fois par jour, le dimanche surtout,
« je m'efforce d'enseigner à ces bons Malgaches
« *Notre Père, Je vous salue, Je crois en Dieu*, ou
« bien quand je fais le catéchisme ou une instruc-
« tion ! Vous envieriez mon bonheur, j'en suis sûr ;
« vous remercieriez avec moi le bon Dieu de ce
« qu'il me fait déjà parler le hova d'une manière
« intelligible, et de ce que mes auditeurs mettent
« une vraie bonne volonté à m'entendre.

« Dernièrement j'ai invité mes cinq assemblées
« à se réunir dans une même église pour y célé-

« brer les fêtes de Noël. J'avais lieu de craindre
« qu'elles ne se rendissent pas à mes vœux ; car
« je ne compte encore parmi elles que quelques
« chrétiens ; de plus, les distances à franchir sont
« considérables ; plusieurs n'ont pas d'habits con-
« venables pour paraître à ces grandes cérémo-
« nies ; ajoutez enfin une petite rivalité de clocher
« qui existe ici comme partout ailleurs. Cependant,
« le dimanche soir, j'entends retentir les airs de
« chants harmonieux, et une longue file de pèlerins
« apparaît revêtue de ses plus beaux atours ; les
« chants n'ont pas discontinué jusqu'à deux heu-
« res après minuit. Le matin, à 6 heures, je dis la
« seconde messe ; il y a beaucoup de monde,
« beaucoup de recueillement, des airs et des chants
« nouveaux. A 9 heures je chante la messe solen-
« nelle, à laquelle tous assistent ; ma grande église
« était pleine ; j'étais heureux et content. Pendant
« quelques heures, j'ai cru me retrouver au milieu
« de nos bonnes populations de France aux jours
« de nos grandes fêtes ou dans nos plus célèbres
« pèlerinages. Mon église était bien modestement
« ornée ; j'avais pourtant trouvé moyen d'allumer
« douze bougies ; quelques clous plantés dans la
« muraille, avec le fruit d'un tubercule appelé
« *manioc*, me servaient de chandeliers. Pour tou-
« tes draperies et ornementations, j'avais quelques
« images d'Epinal ; le tout produisait un effet
« encore assez agréable, et mes bons pèlerins sem-
« blaient satisfaits. Après la messe, il y eut exé-
« cution de chants par les différentes assemblées
« en pleine campagne, et, vers une heure après
« midi, réunion générale pour prendre le repas.
« Devant tant de monde et avec mes petites
« ressources, j'avais lieu de craindre de ne pou-
« voir pas contenter tous les affamés ; plusieurs

« n'avaient rien mangé depuis la veille, et chacun
« était venu portant sa propre personne, selon
« l'usage malgache. Mais Celui qui multiplia au-
« trefois les pains dans le désert était là pour
« m'aider. Un gros porc avait été tué pour la cir-
« constance, et le riz n'a pas manqué. Tous ont
« été rassasiés, et les restes étaient encore abon-
« dants. A 2 heures, est tenue la dernière réunion,
« et puis on se sépare en chantant un cantique de
« reconnaissance. Demandez à Dieu avec moi,
« mon cher frère, que tous ces Malgaches soient
« chrétiens l'année prochaine pour les fêtes de
« Noël.....

« Adieu ! je vous embrasse comme je vous aime,
« de tout mon cœur.

« F. BARBE, S. J. »

Six mois plus tard, le P. Barbe écrivait encore :

« Tananarive, juin 1872.

« Mon bien cher frère,

« ..... La mission catholique, après avoir lan-
« gui pendant plusieurs années, est aujourd'hui en
« pleine prospérité. Resserrée d'abord dans les
« murs de Tananarive, elle s'étend de jour en jour
« au loin dans les campagnes. Madagascar compte
« de six à sept millions d'habitants; par conséquent,
« proportion gardée avec la France, nous devrions
« être de six à sept mille prêtres, et, tout compris,
« notre nombre ne s'élève qu'à vingt-quatre... Ah !
« puissions-nous du moins compenser, par notre
« zèle, notre dévouement et notre générosité, ce
« qu'à cause de notre petit nombre nous ne pou-

« vons accomplir ! On nous demande de toutes
« parts : ces jours derniers, deux de nos Pères
« sont partis en mission chez les *Betsiléos*, à huit
« jours de marche de Tananarive. Ici les baptêmes
« se multiplient ; les première communions se font
« nombreuses ; le mariage chrétien est en honneur.
« Longtemps le gouvernement s'était montré,
« sinon ouvertement hostile, du moins peu favora-
« ble à l'établissement de la religion catholique ;
« en ce moment il nous laisse pleine liberté d'agir
« et nous soutient dans les causes difficiles.
« Combien de temps cela durera-t-il ?

« La France elle-même, malgré sa déchéance
« et ses revers, nous défend avec sa flotte et
« serait prête à tirer le canon si la necessité le
« demandait. La Providence visible des mission-
« naires, je veux dire l'œuvre si excellente et toute
« divine de la Propagation de la Foi, quoique si
« cruellement éprouvée par les tristes événe-
« ments de notre pays, a donné encore cette
« année à notre Mission presque toute son alloca-
« tion ordinaire. Nous n'avons donc qu'à bénir
« la Bonté divine de sa tendresse maternelle à
« notre égard. A nous, apôtres de Jésus-Christ,
« de ne pas nous montrer trop indignes de si
« grandes faveurs. Priez et faites un peu prier
« en conséquence.

« Mais l'ennemi du salut se remue aussi de son côté ;
« il faut, au prix des humiliations, des sacrifices
« de tout genre et d'un dévouement sans bornes,
« lui disputer pied à pied tout le terrain que nous
« gagnons. Ici on s'oppose d'une manière ouverte à
« l'érection d'une nouvelle église ; là on détruit les
« édifices religieux déjà commencés ; ailleurs
« on va même jusqu'à brûler ceux qui sont déjà

« finis. Quelques-uns de nos Pères ont été in-
« sultés ; moi-même j'ai été *lapidé* en pleine réu-
« nion avec une grosse patate ; le projectile, lancé
« d'une main vigoureuse, m'aurait certainement
« terrassé s'il m'avait atteint. Je ne parle pas
« des difficultés et des dangers que nous ren-
« controns dans nos différents exercices ; ils sont
« de tous genres. Les voleurs nous dévalisent
« quand ils le peuvent; ils l'ont déjà fait pour deux
« de nos Pères. Les rivières que nous sommes
« obligés de traverser fort souvent peuvent nous en-
« gloutir à chaque instant. J'ai failli, pour mon
« compte, me noyer déjà deux fois ; la première
« fois, mes porteurs m'ont jeté la tête la première
« dans un courant très profond et très rapide ; la
« seconde fois, la pirogue s'est renversée et m'a
« mis en danger de perdre la vie. Mais Dieu a une
« providence toute particulière pour ses mission-
« naires ; après l'avoir remercié de sa grande
« bonté, le pauvre naufragé ôte modestement ses
« habits, exprime toute l'eau possible, s'habille de
« nouveau et reprend gaiement sa marche. Dans
« mon imagination de jeune homme, j'avais rêvé
« ces aventures ; je vois aujourd'hui mes rêves se
« réaliser dans ma propre personne ; la poésie
« seule y manque.

« Depuis ma dernière lettre, ma position a un
« peu changé. Je vous disais que j'habitais à huit
« ou dix lieues de Tananarive. Sans être complè-
« tement déchargé de ma première mission, je
« suis aujourd'hui aux portes de la capitale ; on
« vient de nous offrir deux grands postes situés à
« une lieue de la ville : ce sont Ambohitrimanjaka,
« ou la montagne royale, et Ambohidrapeto, ou la
« montagne du géant. Le R. P. Cazet m'a appelé

« pour y donner une mission qui a eu pour prin-
« cipal résultat d'y détacher la population du pro-
« testantisme. Le succès a été complet, car les
« temples sont aujourd'hui à peu près déserts. Je
« voudrais, mon bien cher frère, que vous me vis-
« siez aux prises avec ces prédicants méthodistes.
« Toute leur science consiste à rabâcher contre
« nous quelques textes de la Bible que leur ont ensei-
« gnés leurs maîtres les Anglais ; orgueilleux au
« delà de tout ce qu'on peut dire, ils se croient les
« premiers hommes du monde. Quand vous les
« avez bien mis à leur place et humiliés comme ils
« le méritent devant la foule qui ne tarde pas à se
« rassembler, ils vous quittent brusquement, sauf
« à vous lancer ensuite toutes sortes de calomnies,
« non pas contre nos personnes précisément, mais
« contre la doctrine que nous enseignons. Cepen-
« dant, après avoir essuyé plusieurs nouvelles dé-
« faites, leur animosité tombe peu à peu, et, s'ils
« ne sont pas encore des nôtres, ils deviennent
« pleins de respect et de déférence pour nous.

« Je suis maintenant à Ambohidrapeto, ma ré-
« sidence principale, d'où je dessers trois autres
« postes environnants. Il n'y a point d'église en-
« core ; on m'en bâtit deux, qui auront chacune
« vingt-cinq mètres de long sur douze de large ;
« les murs sont en terre, et le chaume en formera
« la toiture. Quand elles seront finies, je n'ai rien,
« absolument rien pour les meubler et les orner ;
« et alors, comment faire pour se tirer d'embar-
« ras ? Nous sommes dans un pays entièrement
« neuf, et encore à moitié sauvage ; la Chine,
« l'Inde, le Japon, déjà civilisés depuis longtemps,
« présentent encore des ressources ; ici nous n'en
« avons aucune ; si tout ne nous vient pas d'Eu-

« rope, jusqu'au plus petit objet, nous devons
« nous résigner à vivre dans le plus entier dénû-
« ment, même pour ce qui regarde le culte exté-
« rieur de notre sainte Religion. Or, si nous n'a-
« vons pas quelque chose qui frappe fortement les
« sens de ce peuple encore enfant, notre minis-
« tère est paralysé. Si vous saviez au contraire
« l'effet que produit sur eux une belle église ri-
« chement décorée ! Telle est celle de Saint-Joseph
« de Mahamasina, en ville. Tous les Malgaches
« vont la voir par curiosité, et je suis persuadé que
« plus d'un y a pris la résolution de se faire chré-
« tien.

« Ames généreuses et charitables d'Europe et
« surtout de notre beau pays de France, concer-
« tez-vous pour nous aider à procurer ici la gloire
« de Dieu et le salut des pauvres infidèles !...

« Adieu, mon bien cher frère, et merci de tout
« ce que vous faites pour moi...

« F. Barbe, s. j. »

Par les détails qu'on vient de lire, on a pu s'a-
percevoir que le P. Barbe tenait à initier sa famille
aux peines, aux joies, aux succès, aux mille péripéties de sa vie de missionnaire ; son cœur était
ainsi fait qu'il avait besoin d'en épancher toutes
les impressions et tous les sentiments dans celui de
ses amis, et c'était pour lui la plus douce des consolations. Il était sûr d'ailleurs de trouver le plus
fidèle écho auprès de ses parents ; ils le pressaient
de leur envoyer ces longues et si intéressantes re-
lations dont la lecture les charmait, et volontiers
il accédait à leurs désirs, témoin la lettre suivante

que nous transcrivons dans toute son étendue ;
dans la suite de ce récit, elle simplifiera notre
tâche, et nous dispensera d'entrer dans des déve-
loppements qu'on serait en droit de nous demander.

« Tananarive, 18 octobre 1872.

« Ma bien chère sœur,

« Je veux me donner aujourd'hui le plaisir de
« causer longuement avec toi.

« Notre frère, le curé de Tilb, m'écrivait
« dernièrement : Multiplie dans tes lettres le récit
« de tes petits épisodes, fais-nous entrer dans
« l'intimité de ton existence, et alors nous nous
« croirons avec toi. Je vais tâcher de vous satis-
« faire en vous racontant bien minutieusement
« une petite expédition de cinquante jours que je
« viens de faire au pays des Vonizongo, à une
« vingtaine de lieues de Tananarive.

« *Avant le départ.* — Il s'agit de préparer ses
« bagages, et ce n'est pas une petite affaire ; car il
« faut tout faire suivre avec soi, batterie de cui-
« sine, literie, chapelle, bibliothèque, ameuble-
« ment, linge, harmoni-flûte, table pour l'autel, et
« que sais-je encore ? Mais nous simplifierons le
« plus possible, puisqu'il faut que deux hommes
« puissent tout porter, et ils doivent aller loin.
« Pour faire la cuisine, une poêle, une marmite,
« une cafetière suffiront. Dans la malle de la cha-
« pelle, il y a juste ce qu'il faut pour dire la messe.
« Je prends une douzaine de livres, une petite
« chaise, quatre mouchoirs, quatre chemises et
« autant de paires de bas ; en fait d'habits, je

« n'ai que ceux que je porte sur moi ; pour mes
« provisions, je me munis d'un peu de café, de
« sel, de poivre, de graisse, de quatre pains, et
« de quatre litres de vin ; quant au lit, il ne me
« pèse pas beaucoup, puisque je n'en aurai pas.
« En arrivant dans mes différents postes, je ferai
« couper un peu d'herbe qui, séchée au soleil,
« me servira de couche pour la nuit ; on peut
« encore dormir là-dessus, quand on n'a pas
« autre chose. Me voilà prêt ; mes paquets
« sont ficelés, je n'ai plus qu'à partir. Les deux
« hommes qui doivent m'accompagner ne se pré-
« sentent pas ; j'attends. Enfin l'un d'entre eux
« arrive ; l'autre me fait savoir qu'il a affaire, et
« qu'il ne peut pas me suivre. Patience ! je
« cherche, je cherche encore ; enfin arrive un
« Cafre qui consent à venir avec moi. Bien lui en
« a valu, il était encore païen, il s'est fait instruire
« pendant mon excursion, et je l'ai baptisé. Nous
« nous mettons en route ; en avant !

« *Pendant l'expédition.* — Quatre hommes me
« portent sur le *filanzana* jusqu'à mon poste le
« plus rapproché, et ma course durera environ
« huit heures. J'ai avalé un peu de café au lait de
« bon matin, et sept heures me trouveront le soir
« sans que j'aie encore rien pris.

« Nous arrivons à Sampannimahazo, où je vais
« rester pendant huit jours. J'entre dans ma
« case ; le vent m'a enlevé la moitié du toit. Il
« fait froid, nous sommes en plein hiver ; com-
« ment passerai-je la nuit ? à la garde de Dieu.
« Je visite l'église ; il n'y a, bien entendu, que les
« quatre murailles complètement nues, et le toit
« au-dessus de l'autel a disparu. Le cœur saigne

« un peu devant ce triste spectacle ; mais prenons
« courage, et n'oublions pas que nous sommes mis-
« sionnaire de Madagascar !

« Mes hommes cependant ont faim, et me
« demandent du riz. Je veux en faire acheter ;
« on me dit qu'il n'y en a pas ; j'irai donc men-
« dier jusqu'à ce que j'en trouve. Nous faisons
« notre modeste repas et nous tâchons de dormir ;
« mais j'ai vraiment froid, et le sommeil ne vient
« pas. Le lendemain je renvoie mes porteurs, et
« pendant 50 jours je ferai toutes mes courses à
« pied. La Mission commence : plusieurs chrétiens
« sont déjà venus me voir, d'autres sont un peu
« éloignés, et j'aurai de la peine à les réunir.
« Quelques païens se présentent et veulent rece-
« voir le baptême ; comme ils savent déjà l'essen-
« tiel, je compléterai leur instruction, et avant la
« fin de la Mission ils pourront être baptisés. Après
« la messe, soin des malades ; je ne suis pas très
« versé dans la science médicale et chirurgicale ;
« quoi qu'il en soit, les guérisons s'opèrent, et
« quelquefois on pourrait les appeler miracu-
« leuses.

« C'est le moment du déjeuner : il sera bientôt
« fait : un peu de café noir, et voilà tout ; encore
« en ai-je manqué pendant plusieurs jours. Alors
« voici comment je m'y prenais pour tromper un
« peu mon estomac : j'avançais de quelques heu-
« res mon dîner, et c'était fini par là. De temps
« en temps se présentent des enfants qui veulent
« apprendre à lire ; faisons donc les fonctions de
« maître d'école. La classe finie, quelques visites,
« mais pas trop éloignées, parce que le dîner va être
« prêt.

« Si tu veux le partager avec moi, ma bonne
« sœur, je t'invite ; il n'y a pas de soupe et il n'y
« en aura pas de 50 jours. Aimes-tu le riz, cuit
« simplement à l'eau ? nous n'en manquerons pas.
« Passons les entremets, ils ne sont pas connus
« ici. Va venir la cuisine ; je te défie d'en faire
« une semblable. J'ai voulu me procurer des œufs ;
« on m'en a porté trois ou quatre qu'on voulait
« me faire payer assez cher ; de plus, la poule les
« couvait depuis quinze jours ; comme tels, les
« Malgaches les mangent encore avec délices.
« Plus d'une fois, tandis que j'allais visiter nos
« gens dans leurs cases, on a voulu me faire quel-
« que petit cadeau ; alors la maîtresse allait dans
« un coin de la case où couvait son unique poule,
« et me présentait deux ou trois œufs prêts à
« éclore ; comme tu peux le penser, je tâchais de
« refuser le plus poliment possible, ce qui n'est
« pas toujours chose facile. Puisqu'il n'y a pas
« des œufs, nous mangerons au moins un petit
« morceau de viande qu'on est allé me chercher à
« deux ou trois heures ; elle n'est pas trop appé-
« tissante, n'ayant pour tout assaisonnement
« qu'un peu d'eau, de sel et de graisse ; de plus,
« elle sent le cuir et la fumée. Le dessert sera
« un peu de fromage qui n'est pas même présen-
« table ; un verre d'eau coloré de quelques gouttes
« de vin couronnera notre repas. Voilà à peu près
« le menu de mon festin pendant tout le cours de
« mon expédition ; je n'en dirai donc plus rien, à
« moins qu'il n'y ait quelque chose d'extraordi-
« naire.

« Il s'agit maintenant d'aller courir la cam-
« pagne, quelquefois assez loin, avec un soleil qui
« pique dur. Si à cette saison les nuits sont

« froides, dans la journée la chaleur est souvent
« très forte. N'importe, partons ! j'en serai quitte
« pour prendre une couleur plus ou moins cuivrée,
« ce qui, avec ma petite impériale, me fait pas-
« sablement ressembler à plusieurs de nos bons
« Malgaches. Aussi, quand je reviens à Tanana-
« rive, j'entends souvent dire à côté de moi : *Mal-*
« *gasy tokoa izy*, c'est vraiment un Malgache. Tu
« vois, ma chère Carmelle, que je me fais tout à
« tous, même par la couleur de ma peau ; un jour,
« s'il y a moyen, je t'enverrai ma photographie.
« Qu'elle ne t'épouvante pas !

« Dans ces marches et contre-marches que je
« fais dans la soirée, je n'ai pas précisément de
« but déterminé ; je m'arrête avec tout le monde,
« je cause de tout et avec tous ; cela nous fait
« connaître et aimer. Je cherche toutes les occa-
« sions de glisser quelque bonne parole ; j'ai l'œil
« et l'oreille au guet pour découvrir s'il n'y aurait
« pas par là quelque vieux décrépit ou quelque
« personne dangereusement malade ; car les
« vieillards à demi nus se cachent dans leur case,
« et jamais on ne vous appellera lorsque l'état
« d'un malade est désespéré. Ceci soit dit pour
« les païens. Je sais qu'il y a deux vieilles femmes
« dans un village assez rapproché ; je vais les voir,
« et je leur parle du salut de leur âme et de la vie
« éternelle. L'une consent à recevoir le baptême
« et l'autre me résiste formellement. Mystère de
« Dieu ! A quelque distance, je vois plusieurs
« personnes réunies ; elles font *Kabary,* elles
« tiennent conseil. Je m'approche et j'écoute ; il
« y a là un prêcheur protestant qui ne lit pas
« même couramment ; mais il a une déman-
« geaison plus qu'ordinaire de produire sa science.

« Après l'avoir mis à sa place comme il le méri-
« tait, je rentre au poste pour y faire la petite
« instruction du soir ; il y a assez de monde et je
« suis content. Souper frugal et prières diverses ;
« puis vient le moment du repos.

« Le surlendemain, après mes occupations
« ordinaires du matin, je crois bon d'aller à un
« marché, à deux lieues de distance ; je n'achèterai
« rien, mais je verrai des personnes de tous les
« points de ma Mission, et je les informerai du
« jour où j'irai les visiter. A peine ai-je paru
« qu'on se réunit autour de moi ; on me salue, on
« me serre la main, on m'exprime le regret de
« ne m'avoir pas vu depuis longtemps. J'avance
« un peu ; nouveaux attroupements, nouvelles
« démonstrations de joie et de curiosité ; les
« enfants surtout aiment à se grouper autour de
« moi. Quelques protestants zélés trouvent que
« c'est faire trop d'honneur au missionnaire catho-
« lique, et, comme autrefois les pharisiens, ils
« cherchent à éloigner de moi ces petites créa-
« tures par des paroles pleines de colère et de
« menace ; mais je prends leur défense, et l'ova-
« tion continue jusqu'à ce que j'aie regagné ma
« demeure.

« Le dimanche est vraiment un jour de peine
« et de fatigue pour nous. Il ne faut pas songer à
« faire la première réunion avant huit heures ;
« alors ce sont des chants à n'en pas finir. Les
« Malgaches ne se lassent jamais de chanter ;
« quand ils sont seuls, ils chantent le matin, ils
« chantent le soir, dans leurs cases, sur les che-
« mins, dans les champs, partout. Quand ils com-
« mencent, ils ne s'arrêtent que lorsque leur réper-

« toire est épuisé, sauf même à recommencer à
« plusieurs reprises ; cela fait plaisir à voir et à
« entendre, surtout quand la nuit est venue. Après
« les chants, enseignement de la prière et de la
« lettre du catéchisme, messe, encore chants et
« nouveau catéchisme. Il est quelquefois onze
« heures, et le missionnaire n'a rien pris ; il déjeune
« à la hâte et part pour une autre assemblée, à
« une et deux heures de là, faire toujours les
« mêmes exercices. Souvent une troisième assem-
« blée, également distante, nous attend ; il est
« quatre heures quand nous rentrons au poste ;
« il y faudra faire une nouvelle réunion jusqu'à
« l'entrée de la nuit ; on est harassé ; pas d'appé-
« tit, et on aura peine à s'endormir, parce que
« les nerfs sont agités. Notre vie est pénible, je te
« l'assure, ma chère sœur ; ce qui me console,
« c'est que tôt ou tard viendra le moment du
« repos éternel.

« Les jours suivants, la Mission de Sampanni-
« mahazo continue son petit train, et une semaine
« ne se sera pas encore écoulée que je la termi-
« nerai par quelques baptêmes, quelques confes-
« sions et deux mariages.

« Il s'agit de déménager et de partir pour une
« autre station, à une heure de distance. Mes deux
« hommes se chargent de leurs bagages, et je les
« suis à pied, un mouchoir blanc sous mon cha-
« peau de paille, et mon parasol sous le bras.
« C'est à Rémasoandro que nous allons. Ici, mon
« église a été complètement détruite par un coup
« de vent ; il n'en reste plus que les quatre mu-
« railles gravement endommagées elles-mêmes.
« Je ferai les réunions ordinaires dans ma petite

« case ouverte de tous côtés. Etonné de ne pas
« voir les gens venir à ma rencontre, je demande
« où ils sont; on me dit qu'ils sont tous occupés à
« tirer une pierre pour faire un tombeau. A cette
« occasion, les Malgaches font des fêtes splendides;
« ils tuent bœufs, cochons, brebis, poules, en signe
« de réjouissance ; toute la parenté est convoquée,
« et les gens des alentours y accourent revêtus
« de leurs plus beaux habits. Après m'être reposé
« un peu, je crois bon d'y aller moi aussi, non pas
« précisément pour tirer la pierre, mais pour m'y
« placer dessus : c'est là en effet que se mettent
« les personnages les plus honorables, et ils sont
« censés faire ainsi autant et plus que tous les
« autres. Ils auront aussi une part proportionnée
« à la récompense ; j'ai eu pour mon compte une
« petite poule.

« La Mission s'est faite ici comme à Sampanni-
« mahazo ; instruction matin et soir, classe, soin
« des malades ; résultat : quelques baptêmes, quel-
« ques confessions et deux mariages.

« Après huit jours, je vais à Manandona. Là il
« n'y a pas encore d'église ; une petite case en
« tient lieu pour le moment ; j'ai demandé depuis
« longtemps qu'on en fît une ; mais l'argent et les
« ouvriers font défaut. Pour avoir le bois de cons-
« truction, il faut aller le chercher à huit et dix
« lieues au loin. La Mission a aussi produit quel-
« ques résultats ; elle n'a cependant rien eu de
« bien remarquable, si ce n'est une visite faite à
« un village protestant où je me suis battu comme
« un lion avec les énergumènes du parti. C'est une
« chose curieuse et délicieuse à voir : chacun pré-
« sente ses difficultés ; le Père y répond ; malheu-

« reusement ces pauvres égarés ne cherchent pas
« la vérité, ils veulent seulement faire parade d'une
« science qu'ils n'ont pas. Prie le bon Dieu, ma
« chère sœur, pour qu'il éclaire leurs esprits, et
« purifie leurs cœurs par trop corrompus.

« Nous nous rendons maintenant à Ambohima-
« nandray. L'étape est un peu forte; il faudra
« fournir cinq heures de marche. Je suis un peu
« fatigué, et je me demande comment j'arriverai
« au but; Dieu m'a donné plus de forces que je
« ne m'en croyais; je vais, je marche, j'arrive
« sans trop de peine. Cette assemblée est de fon-
« dation nouvelle, et je n'y avais pas encore donné
« de mission. Il était convenu qu'on devait me
« céder une case pour cela; mais les Malgaches
« sont de ceux qui ne se pressent jamais. Aussi la
« case susdite était-elle encore occupée par les
« hommes et par les bêtes. Je tâche de la faire
« évacuer le plus tôt possible; on s'exécute; mais
« on oublie d'en chasser les puces. Or, il y en
« avait plus qu'une armée; elles m'ont tellement
« piqué et la nuit et le jour pendant à peu près
« une semaine, que ma peau avait complètement
« changé de couleur. C'est un commencement de
« martyre; Dieu veuille qu'un jour je le consomme,
« sinon par le sang, du moins par la charité!
« Dans ce nouveau poste, j'ai eu la consolation de
« faire plus de baptêmes que partout ailleurs.

« J'ai encore trois assemblées à visiter. Celle
« où je vais en ce moment est bien éloignée, et
« il me faudra pour y arriver neuf heures de
« voyage; elle s'appelle Mampitovy. Il est déjà
« midi; j'ai passé toute la matinée à préparer et à
« faire les baptêmes. Je serai obligé de m'arrêter
« en chemin; où ? je n'en sais rien; à la garde de

« Dieu ! Sur ma route il y a un marché ; de peur
« qu'on ne me prenne pour un prêcheur anglais,
« j'ai soin de passer mon grand chapelet autour
« du cou. Aussi, en me voyant, tout le monde
« s'écrie : mon Père Barbe ! c'est mon Père
« Barbe ! Dans ce marché, je trouve beaucoup de
« personnes de ma connaissance ; la foule est
« grande autour de moi : c'est comme une
« fête pour la plupart d'entre eux ; on semble
« heureux de me voir et de causer avec moi. Mais
« je dois aller loin, et je pars.

« Cependant la nuit approche, et je suis dans
« un pays tout à fait protestant ; j'envoie un
« de mes hommes demander si on ne pourrait pas
« me céder un coin de case où je passerais la nuit.
« La première porte où l'on frappe et qui s'ouvre
« laisse voir une vieille femme octogénaire tenant
« un tout jeune enfant ; elle n'avait jamais vu de
« *blanc* dans sa vie : aussi est-elle plus morte que
« vive en apprenant que je demande un gîte chez
« elle. Il vaut mieux ne pas insister, et je vais frap-
« per ailleurs ; mais toutes les cases sont occupées,
« et il n'y a pas de place pour le missionnaire.
« Cependant il y avait là une masure complète-
« ment abandonnée, presque sans toit, et d'une
« malpropreté repoussante. Un homme assez âgé
« se présente et me dit : Vous pouvez vous mettre
« là, si vous le voulez ; en même temps il me
« porte un bon fagot de paille qui me servira
« pour faire cuire mon riz et pour dormir
« pendant la nuit. Dès ce moment je ne l'ai
« plus revu. Si ce n'est pas saint Joseph qui m'a
« servi dans la personne de ce bon Malgache, je
« dois reconnaître que ce vieillard en a eu tous les
« soins et toute l'attention.

« La nuit fut on ne peut plus douce et plus tran-
« quille ; pas de vent, pas de froid, sommeil pro-
« fond. Le matin, je dis la messe dans ce taudis ;
« quelques personnes bonnes et simples y assistè-
« rent ; il y eut concert, je n'ose pas dire angéli-
« que, mais cependant très convenable, et nous
« fîmes de notre mieux ; je dis aussi quelques pa-
« roles d'édification. Plaise à Dieu que ces braves
« gens les aient emportées avec eux et redites
« aux autres !

« Il est neuf heures du matin ; nous continuons
« notre route, et nous arrivons vers midi à Man-
« pitovy. C'est encore une autre assemblée qui se
« forme ; mais il y a là une bonne famille d'*andriana*
« ou nobles. Le seigneur et sa dame sont de bons
« chrétiens ; ils me reçoivent dans leur maison et
« me logent dans le meilleur de leurs apparte-
« ments. Pendant les six jours que je passerai au-
« près d'eux, je n'aurai qu'à m'occuper de ma mis-
« sion ; ils me feront eux-mêmes la cuisine et me
« donneront leur meilleure paillasse avec un oreil-
« ler de paille recouvert d'un linge blanc et tout
« propre. Chaque jour ils appelleront tout leur
« monde à la prière, et se feront un devoir d'y
« venir eux-mêmes. Ils viendront même commu-
« nier deux fois durant mon séjour parmi eux,
« pour donner surtout aux leurs une petite idée de
« nos Mystères. Je ferai plusieurs baptêmes ; mais
« les futurs baptisés sont pour la plupart esclaves
« de notre *andriana*, et par conséquent pauvres.
« La charité est ingénieuse et sait trouver des
« moyens inconnus à la sagesse humaine. Le jour
« du baptême venu, nos deux *andriana* cherchent
« dans leurs coffres leurs plus beaux habits ; ils
« les prêteront à leurs esclaves pour fêter le grand

« jour, tandis qu'ils se réserveront pour eux-mêmes
« ce qu'ils ont de moins précieux. Eux-mêmes aussi
« tiennent à honneur de faire l'office de parrain
« et de marraine à l'égard de ces infortunés qu'ils
« adopteront désormais pour leurs enfants en
« Jésus-Christ. Quel est le seigneur et la dame
« chrétiens parmi vous qui en feraient autant pour
« leurs domestiques ?

« Le jour du départ fut comme un jour de
« désolation ; tout ce monde voulut m'accompa-
« gner pendant une demi-heure en faisant entendre
« des chants d'adieu accompagnés de sanglots.
« J'étais moi-même vivement ému ; je n'aurais
« pas cru trouver chose semblable à Madagascar.
« Nous arrivons à notre sixième assemblée,
« après trois bonnes heures de marche. Son nom
« est Amboatave. J'avais déjà essayé d'y donner
« une mission ; mais elle n'avait pas trop bien
« réussi. Le chef, malgré les ordres de la reine,
« conservait encore chez lui un *sampy*, c'est-à-
« dire une idole ; j'ai eu la consolation de le con-
« vertir et de le baptiser.

« Jusqu'ici, quoique un peu fatigué, je n'avais
« pas encore été malade ; mais il me fallait aussi
« cette petite épreuve. Un jour, tandis que j'étais
« en course, la pluie tombe avec assez d'abon-
« dance ; quand elle a cessé, je continue mon
« excursion. Les longues herbes tout imbibées
« d'eau me trempent jusqu'au genou ; puis vient
« un soleil ardent qui me sèche presque subite-
« ment. Le soir venu, je sens un grand malaise
« et un fort mal de tête, ma poitrine est un peu
« entreprise, et, pour comble de malheur, la pluie
« tombe encore pendant la nuit et mouille ma

3**

« modeste couche. Cependant le lendemain est
« un dimanche, il faut parler, chanter et prêcher.
« Ma voix est embarrassée, je fais effort, et la réu-
« nion du soir venue, je puis à peine me faire
« entendre. L'appétit a complètement disparu,
« tous les symptômes de la fièvre sont là. Que
« faire? le bon Dieu sait ce dont j'ai besoin ; il
« viendra à mon aide ; le matin je prends une
« petite médecine, et tout est fini par là ; je suis
« guéri.

« Enfin je suis à Ampavihy, ma dernière étape ;
« c'est aussi la dernière et la plus petite de mes as-
« semblées dans ces parages ; je n'y ferai pas
« grand'chose. Ici les protestants, plus que partout
« ailleurs, semblent se tourner de notre côté ; j'ai
« guéri l'un des principaux d'entre eux d'une mala-
« die assez sérieuse, ce qui m'a concilié l'esprit de
« tous. Déjà plus qu'ennuyés des tracasseries des
« Anglais, ils sont à nous par le cœur.

« A Ampavihy, j'ai pris à partie un prédicant
« anglais du nom de Matthieu, qui m'en a beaucoup
« voulu parce que, pendant mon séjour en ces
« lieux, ses adhérents ont déserté ses temples. Sa
« rage et sa colère contre ses *infidèles* n'ont plus
« connu de bornes, et voici comment il exhale
« devant eux son mécontentement : « Vous
« autres, Malgaches (pardon du langage trop cru
« du prêcheur, je traduis), vous autres, Malgaches,
« vous êtes semblables à des chiens, à des bœufs,
« à des pourceaux ; vos cheveux ressemblent au
« poil des cochons, vous sentez mauvais comme
« le pourceau lui-même. J'ai tout abandonné pour
« venir vous instruire (il reçoit peut-être mille
« francs tous les mois pour lui, sa femme et ses

« enfants) ; si vous ne venez pas plus nombreux
« et avec des habits propres, je ne paraîtrai plus
« au milieu de vous, et je rentrerai dans mon
« pays. » (Bon voyage !) Après cette harangue,
« il va recommencer ce même prêche dans une
« autre assemblée, et ainsi de suite. Aussi je puis
« lui rendre le témoignage qu'il est cordialement
« détesté de tous les Malgaches. Ses compagnons
« sont logés à la même enseigne, proportion gar-
« dée. Les missionnaires catholiques, moins riches
« et moins influents auprès du gouvernement, sont
« aimés et estimés de tous.

« *Après l'expédition*. — Ma mission est termi-
« née ; les porteurs de *filanzana* viennent me cher-
« cher, et je rentre à Tananarive, où je me repose
« pendant trois jours au milieu de mes Frères,
« tous au complet pour notre réunion mensuelle.
« Le samedi suivant, je redescends à l'ancien
« poste, d'où j'étais venu ; tu le connais déjà, il
« s'appelle Ambohidrapeto ; dans une petite heure
« et demie j'y serai arrivé. On m'attend avec impa-
« tience, car on ne m'a pas vu depuis longtemps.
« A peine ai-je paru que le monde s'attroupe ;
« c'est une expression de joie et de bonheur diffi-
« cile à décrire. Le bruit avait couru par ici que
« j'étais mort pendant mon expédition ; cette
« nouvelle avait jeté l'émoi et la consternation
« dans le pays. Un bon vieillard me disait : Quand
« le bruit de votre mort m'est parvenu, je man-
« geais mon riz ; la cuiller m'est tombée des mains,
« et je me suis couché, accablé par ma douleur.
« — Notre peine a été bien grande, ajoutent les
« autres, nous pensions que nous ne vous rever-
« rions plus, que vous ne viendriez plus nous visi-
« ter, causer avec nous et nous instruire ; aussi

« nous avons bien pleuré! Mais nous vous revoyons
« aujourd'hui, et nous sommes heureux!

« Cependant ce pauvre peuple n'a pas encore
« reçu le baptême; il vient tous les dimanches se
« réunir dans ma case, de beaucoup trop petite;
« car ma grande église n'est pas encore couverte;
« et quand elle le sera, je n'ai rien, absolument
« rien pour y faire les ornementations conve-
« nables. Que parlé-je d'ornementations? je serai
« longtemps privé du strict nécessaire. En atten-
« dant qu'il vienne, je dirai la messe sur une petite
« table, sans chandeliers, sans fleurs, et même sans
« cartons d'autel; je confesserai sans confession-
« nal, je prêcherai sans chaire, je fermerai les
« contrevents pour me garantir du vent et de la
« pluie; quand les croisées et les vitres arriveront,
« je serai probablement mort.

« Il est temps que je termine cette longue lettre,
« ma bien chère sœur; si elle n'a pas d'autre
« mérite, tu y verras au moins celui de la bonne
« volonté. Je l'ai écrite à plusieurs reprises, con-
« tinuellement interrompu par mes nombreux
« visiteurs; les petits enfants, comme des essaims
« d'abeilles, se succèdent dans ma case; leurs cris
« me déchirent les oreilles, je réponds à leurs
« interrogations plus ou moins importunes, et
« j'écris toujours.

« Mais j'ai fini... Dis à nos bienfaiteurs et à
« nos bienfaitrices que je pense à eux tous les
« jours dans mes prières, et que chaque mois
« je dis une messe à leur intention.

« Que Dieu nous ait tous dans sa sainte grâce! Je

« t'embrassse dans les Saints Cœurs de Jésus,
« Marie, Joseph.

« F. BARBE, S. J. »

Ceux qui parcourent ces pages ne s'attendent pas sans doute à nous voir mettre minutieusement sous leurs yeux tous les détails de la vie de notre missionnaire. La longue lettre que nous venons de transcrire à dessein dans toute son intégrité leur dira mieux que nons ne saurions le faire, les occupations, les joies et surtout les peines qui se partagèrent son existence pendant les dix ans qu'il passa sur la terre de Madagascar.

Son zèle pour le salut des âmes, son dévouement à la cause de Dieu, son désintéressement et son intrépidité ne se démentirent jamais un seul instant : aussi le succès couronnait-il ses efforts ; les baptêmes des catéchumènes qu'il administrait de sa main se comptaient-ils par centaines, et les protestants, poursuivis par lui jusque dans leurs derniers retranchements, le regardaient-ils avec terreur. L'histoire de la Mission de Fenoarivo qu'il a fondée, et dont il attribue tout le succès à saint Joseph, nous ferait à ce sujet d'intéressantes révélations.

Une chose étonne dans la vie du P. Barbe : c'est qu'avec une santé très délicate et souvent compromise il ait pu fournir une si laborieuse carrière, et arriver, au milieu de difficultés de tout genre, à des résultats que des hommes d'une constitution plus vigoureuse auraient de la peine à réaliser. Mais en lui l'âme commandait, et le corps obéissait ; au reste, il avait fait de la souf-

3***

france son lot et son partage, et il se considérait comme une victime qui devait se consumer devant le Seigneur. La parole fameuse de sainte Thérèse revenait souvent sur ses lèvres : Souffrir et puis mourir ! voilà ma devise, écrivait-il un jour après la longue énumération des épreuves qui traversaient son existence ; « ma vie est si dure et si « pénible ici, ajoutait-il, que si dans le monde on « me donnait cent mille francs par an pour faire « ce que je fais, je refuserais net. Je n'ai rien « pour prix de mon travail, et je suis content et « heureux autant qu'il est possible de l'être ici-« bas ; je n'échangerais pas ma position contre « tout l'or de la terre. Quelle grâce en effet qu'une « vocation religieuse et apostolique ! Mon Dieu, « conservez-moi la mienne jusqu'à la fin de mes « jours ! »

Pendant qu'il travaillait, avec l'énergie dont nous l'avons vu animé, à l'extension du royaume de Dieu, deux blessures cruelles furent faites à son cœur, lorsqu'il apprit, presque coup sur coup, la mort de sa mère et celle de son frère, M. le curé de Tilh.

Sa mère ! il avait pour elle un véritable culte, et ses lettres nous révèlent les trésors de tendresse dont le Seigneur avait enrichi son âme à son égard. Et pourquoi nous en étonnerions-nous ? Les cœurs les plus intimement unis à Dieu ne sont-ils pas aussi les plus aimants ? Lorsqu'il était encore à Vals, il avouait qu'il ne cessait de fatiguer le Ciel pour obtenir à celle dont il avait reçu le jour l'éternelle félicité ; et comme s'il avait douté de l'efficacité de sa prière, il livrait son corps aux macérations, et portait, sans jamais la quitter, une ceinture de fer. « Je ne crois pas trop faire, disait-il, pour celle qui a tant fait pour moi. » Il pleura longtemps lorsqu'il apprit que la mort l'avait ravie à son affection, et ne trouva de consolation à son chagrin que dans l'espérance de la revoir dans un monde meilleur.

Il souffrit bien cruellement aussi, on n'aura pas de peine à le comprendre, lorsque Dieu lui demanda le sacrifice de son frère. N'était-il pas un de ses plus fermes soutiens, et sa plus précieuse ressource dans ses nécessités toujours nombreuses et sans cesse renaissantes ? Mais Dieu le lui avait donné, Dieu le lui enlève, ses lèvres bénissent le Seigneur. « La mort de notre cher défunt, écrit-« il, fait verser des larmes bien amères ; mais « cette amertume, quelque grande qu'elle soit, est « bien adoucie par l'espoir que nous avons que « notre vénéré frère jouit déjà de la gloire promise « aux élus. Tout ce que vous me dites d'édifiant « sur les derniers moments de sa vie ne me laisse « aucun doute. Nous mourrons, nous aussi ; mais « au Ciel on se trouve, on se reconnaît, et, ce qui « est mieux encore, on ne se sépare jamais. Pleu-« rons, mais que nos larmes soient des larmes « chrétiennes ! Notre divin Maître, au plus fort « de son agonie, s'écriait : Mon Père, si ce calice « ne peut pas s'éloigner de moi, que votre volonté « soit faite ! Marie, la Reine des martyrs, au « moment où son cher Fils allait expirer, se « tenait ferme et debout au pied de la croix, « quoique son âme fût noyée dans un océan « de douleur. Soyons les imitateurs de ces grands « modèles ! »

CHAPITRE VIII.

LA MISSION DE MADAGASCAR (*Suite*).

Après avoir essuyé les pleurs qu'il venait de verser sur la tombe si prématurément et si inopinément ouverte de son frère, le P. Barbe, qui voyait se briser une à une toutes ses affections, reprit son sillon un instant interrompu, et continua avec une nouvelle vigueur à promouvoir l'œuvre de Dieu. Il retourna auprès de ses chers Vonizongo dont il était, nous l'avons vu, si tendrement aimé, et fut reçu en triomphe. A la nouvelle de son arrivée, on prenait les habits de fête, et on venait à sa rencontre jusqu'à trois lieues de distance; poules, lait, riz, œufs, tout lui était offert avec prodigalité: on était heureux de le revoir. Lorsqu'il s'éloignait d'une de ces assemblées, une autre l'attendait avec la plus vive impatience, et le recevait avec les mêmes démonstrations; les plus ingambes prenaient les devants, et les moins alertes s'échelonnaient le long de la route, de sorte que son expédition apostolique était une série d'ovations continuelles.

Quelle somme de bien il devait réaliser dans ces âmes encore neuves, lorsqu'elles se montraient dociles aux inspirations de la grâce! et pourtant son humilité l'inclinait à penser que ses efforts demeuraient infructueux. « Tout ce qui regarde « le corps me touche peu, s'écriait-il : tant qu'il « est seul à souffrir, le malheur n'est pas grand ;

« mais n'être pas devant le bon Dieu ce qu'on
« devrait être, ne pas produire dans les âmes tout
« le bien que je leur voudrais, ah! voilà la vraie
« source de mes peines ! Saint Martin disait au
« Seigneur : « Si je suis encore utile, je ne
« refuse pas le travail. » Pour moi, hélas! je ne
« suis qu'un serviteur inutile, et mourir me serait
« un gain. »

Ainsi parlait son humilité ; mais la vérité tient
un autre langage ; nous savons en effet, par les
détails personnels que nous tenons de la bouche
même du Préfet apostolique et du Supérieur général de la Mission, le P. Cazet et le P. de La
Vaissière, qu'il était un de leurs plus intrépides
et de leurs plus heureux ouvriers. Les faits les
plus éclatants sont là d'ailleurs pour leur donner
raison.

Le P. Barbe est obligé de le reconnaître lui-
même, la mission à laquelle il a consacré toutes
les lumières de son intelligence, toutes les ressources
de son cœur et toutes les forces de son corps, suit,
à travers mille épreuves dont elle sort toujours
victorieuse, une marche ascendante dont rien
n'arrête les progrès ; le peuple, fatigué du joug que
le protestantisme anglais fait peser sur ses épaules,
se déclare tout bas et quelquefois ouvertement
l'ami des Pères ; le sol se couvre d'édifices religieux ; les écoles chrétiennes sont en pleine
prospérité, et peuvent avantageusement affronter
à ciel ouvert la concurrence avec leurs adversaires:
les masses sont ébranlées ; les grands du royaume
reconnaissent l'incontestable supériorité de la
religion de Jésus-Christ sur toutes celles qu'elle
vient renverser et supplanter; la reine elle-même
et le premier ministre sont obligés de rendre à plu-

sieurs reprises un public hommage à ces hommes désintéressés qui leur apportent, dans les plis du drapeau de la France, le secret de la véritable civilisation.

Aussi, fécondé par les travaux et les sueurs des missionnaires, le désert fleurit ; ces contrées jusqu'alors stériles donnent à Dieu comme prémices du sacerdoce le P. Basilide, fils d'un prince sakalave, trop tôt enlevé à l'affection de ses néophytes ; plusieurs enfants malgaches traversent les mers et viennent demander aux écoles apostoliques de notre beau pays de France de protéger leur vocation ; quelques jeunes filles, éprises des charmes de la vertu, demandent à revêtir les livrées des épouses de Jésus-Christ, et, avec l'inébranlable fermeté que donne la conviction du devoir accompli, peuvent jeter à la face de leurs barbares persécuteurs cette fière parole d'un saint Père : un chrétien peut être mis à mort, mais vaincu, jamais ; les Malgaches convertis au christianisme persévèrent dans la bonne voie ; et, dans leur ardeur pour le bien, quelques-uns donnent des exemples qui laissent bien loin derrière eux beaucoup de fidèles de nos contrées catholiques ; la foule remplit les églises dans la campagne ; et à Tananarive, la future cathédrale de Madagascar voit aux grandes fêtes la table sainte assiégée par une multitude avide de recevoir son Dieu ; les Pères, appelés de toutes parts, ne peuvent faire droit à toutes les exigences, et débordés de travail, succombant sous l'effort, ils répètent, en criant au secours, cette parole du divin Maître: La moisson est abondante et les ouvriers sont en petit nombre.

Le P. Barbe eut une large part dans les magnifiques résultats réalisés en si peu d'années à

Madagascar par les intrépides disciples de saint Ignace ; le Père Cazet nous disait lui-même que les Malgaches le préféraient aux autres missionnaires ; qu'ils aimaient beaucoup sa parole ardente, toute pleine de cœur et souvent éloquente, et que plus d'une fois il s'est fait entendre avec un vrai succès dans la capitale, aux jours des plus grandes solennités.

Et comme si la Grande-Terre n'avait pas suffi à son zèle, il ne cessait, comme autrefois à Saint-Affrique, à Vals et à Laon, d'exercer son fécond apostolat au sein de sa famille. Il s'était engagé à ne jamais laisser passer trois mois sans lui adresser une de ses lettres ; c'était une règle inviolable qu'il s'était imposée, et pas une seule fois il n'a failli à sa parole. Et qu'elles sont touchantes, ces lettres, véritables monuments de piété et de tendre sollicitude ! Comme nous voudrions que ceux qui accusent la religion de dessécher les cœurs vinssent s'assurer, en les lisant, de l'injustice de leurs incriminations ! Quel dévouement, quel zèle et quelle charité ! Nous regrettons sincèrement que les détails intimes renfermés dans celles qui nous ont été personnellement adressées ne nous permettent pas d'en citer de nombreux extraits, et de communiquer ainsi à ceux qui lisent ces lignes les impressions qu'elles nous ont causées. Dieu seul peut savoir quelle édification, quelle lumière et quelle force nous y avons puisées, de quel bien elles ont été pour nous l'instrument !

Qu'il nous soit permis du moins d'en détacher sommairement ce qui a trait à l'un des événements les plus importants qui aient marqué l'existence de la mission de Madagascar : nous voulons parler du voyage de Monseigneur Delannoy dans ces contrées que le pied d'aucun évêque catholique n'avait encore foulées jusqu'à ce jour.

Le peuple malgache est un peuple encore enfant. Ce qui frappe ses yeux pour la première fois lui est toujours une merveille. Aussi, lorsqu'il vit venir à lui avec toute la pompe d'une marche triomphale un pontife chrétien, celui-là même que Dieu destinait à être l'ange de nos deux Églises d'Aire et de Dax, son admiration et son enthousiasme ne connurent plus de bornes. « Non, jamais, « nous écrivait le P. Barbe à la fin de l'année « 1875, non, jamais pareille chose ne s'est vue « à Madagascar ; nos Malgaches ont fait à Mon- « seigneur, qui en a été profondément ému, de « véritables ovations. Aussi réjouissez-vous : car « le triomphe de notre cause est complet ; nos « amis sont heureux et nos ennemis atterrés ; nos « chrétiens se sentent animés d'un nouveau cou- « rage, et notre mission va prendre dès ce jour une « impulsion nouvelle dont nous serons redevables, « après Dieu, à Monseigneur l'évêque de Saint- « Denis. »

Qu'on devine la joie qu'éprouva notre missionnaire lorsqu'une lettre venue de France lui annonça que Monseigneur Delannoy et M. Mouton, son grand-vicaire, ces deux hommes pour lesquels il avait une si profonde vénération et une affection si sincère, étaient appelés à gouverner le diocèse d'Aire ! « Quelle bonne nouvelle vous venez de « m'apprendre ! nous écrivait-il à la date du 15 « mai 1877. Monseigneur Delannoy devient « votre évêque ! Dieu se montre bien bon en « vous le donnant. Nous avons eu le bonheur de « le posséder trois mois à Madagascar, et il nous « a tous ravis. Si vous pouvez le rencontrer

« dans quelqu'une de ses visites pastorales, de-
« mandez-lui s'il se souvient encore du pauvre
« P. Barbe ; il me connaît, car j'ai été son inter-
« prète à Ambohidratrimo. Monseigneur a laissé
« ici le plus pieux souvenir, et jamais on n'oubliera
« son passage parmi nous; il nous a promis de se
« souvenir de nous devant Dieu : cette promesse
« fait notre consolation. »

On le voit, nous n'émettions pas une appréciation hasardée en affirmant que le P. Barbe avait
pour ceux que Dieu a placés à la tête de notre
Diocèse la plus filiale affection. Nous devons
ajouter qu'à leur tour Monseigneur et son Grand-
Vicaire l'estimaient et l'aimaient sincèrement.
Dans sa remarquable instruction pastorale pour le
Carême de l'année 1881, Sa Grandeur, s'adressant à ses diocésains, leur parle en ces termes :
« A Madagascar.... dans cette grande île où, en
« arrivant il y a trente ans, nos missionnaires ont
« dû commencer par composer la grammaire et
« le dictionnaire de la langue du pays, nous avons
« trouvé des écoles admirablement tenues, dans
« lesquelles des milliers d'enfants encore à demi
« sauvages apprenaient, et avec un succès éton-
« nant, tout ce qu'on enseigne dans nos écoles de
« France, y compris notre idiome. Nous sommes
« d'autant plus fiers d'évoquer ce souvenir, que
« beaucoup des vaillants apôtres sous la direction
« desquels fonctionnent ces merveilleuses institu-
« tions sont des fils de notre Diocèse. Ce sont
« eux qui nous avaient appris à estimer et à aimer
« par avance ce clergé dont la Providence, sans
« qu'il nous fût possible de nous en douter alors,
« devait nous confier un jour la direction. » Trois
ans avant, Monseigneur écrivait à son clergé :
« Pour vous tracer le portrait du prêtre, Nous

« n'aurions qu'à vous montrer le Missionnaire, tel
« que plusieurs de vos compatriotes que nous
« avons rencontrés sur des plages lointaines, con-
« sacrant à de pauvres sauvages la plus belle
« intelligence et le plus noble cœur » (1). Tout
le clergé landais a reconnu dans ces lignes le P.
Barbe et son infatigable collaborateur, condisciple
et ami, le P. Caussèque. Et comme preuve de
ses sentiments à l'égard de l'apôtre de Madagascar, Monseigneur a bien voulu lui envoyer, par
notre intermédiaire, sa photographie avec quelques
mots pleins d'affection, écrits de sa propre main :
« Précieux trésor, nous disait l'humble Père dans
« sa reconnaissance ; je l'ai en ma possession, et
« je le garderai religieusement jusqu'à mon der-
« nier soupir.

Et comme si tout ce qu'il avait fait était peu
de chose, Monseigneur a voulu encore aller plus
loin, et mettre le comble à toutes ses bontés. Lorsqu'il est passé à Tilh à l'occasion de sa première
visite pastorale, il s'est rendu lui-même avec
M. Mouton auprès de Mlle Carmelle Barbe, pour lui
parler de son frère et lui dire en quelle haute
estime il le tenait. Au comble de la joie, le Père
Barbe, que nous avions bien vite initié à tous ces
détails si intéressants, nous écrivait en 1878 :
« Je me suis empressé de remercier Monseigneur
« et son Vicaire Général de toutes les bontés qu'ils
« ont eues pour vous et pour tous nos autres
« parents, surtout dans la visite solennelle qu'ils
« ont faite à Carmelle, ma très chère sœur. Si je
« n'avais pas lu moi-même la relation très exacte
« que vous me donnez, j'aurais quelque peine à
« croire tout ce qu'on me dit ; mais rien ne m'é-

(1) Instruction pastorale du Carême de 1878.

« tonne de la part de Monseigneur et de son digne
« Grand Vicaire, en fait de prévenances et de
« délicatesses. Les Landais étaient déjà bons ;
« mais ils deviendront encore meilleurs sous leur
« sage et paternelle direction. »

La prophétie du P. Barbe s'est réalisée de tous
points pour ce qui nous concerne, et ses espérances
ont été même dépassées ; il a été prophète aussi
lorsqu'il annonçait qu'après la visite de Monseigneur Delannoy la mission de Madagascar prendrait un nouvel essor. Forts des encouragements
qu'ils avaient reçus, les ouvriers apostoliques re-
prirent leurs travaux avec une ardeur renouvelée,
et, la vérité nous oblige à le dire, le succès a cou-
ronné leurs efforts.

Le P. Barbe continuait son œuvre aux environs
de la capitale, et de temps en temps revenait auprès de ses chers Vonizongo, pour soutenir la
persévérance de ceux qui s'étaient déjà donnés à
Jésus-Christ et faire de nouvelles conquêtes.
Comme il se fatiguait beaucoup dans ses lointaines
expéditions, ses Supérieurs eurent pitié de lui ; et
pour ménager ses forces qu'il ne consultait jamais
quand il s'agissait du bien à accomplir, ils lui
donnèrent un petit cheval, chose tellement rare à
Madagascar, que lorsque le missionnaire arrivait
dans ses différents postes, le cavalier était pour
un instant tout à fait oublié, et la monture absor-
bait tous les regards.

Fotsy-Kely, tel était le nom de l'animal qui
était devenu le compagnon de voyage de notre
cher missionnaire ; le P. Barbe s'y était attaché,
et quand il nous retrace les services qu'il en
reçoit, il nous semble lire la page de Silvio Pellico

nous parlant de l'araignée qui vient le visiter dans sa prison, ou encore l'histoire de saint François d'Assise s'adressant à ses frères les oiseaux ou à sa sœur la brebis. Ainsi font les hommes de Dieu: leurs yeux, toujours ouverts aux vues surnaturelles, distinguent, même dans les êtres sans raison , l'image des perfections du Créateur, et ces êtres sont pour eux comme l'échelle mystérieuse par laquelle leurs cœurs montent jusqu'au trône de l'Éternel.

Le Ciel avait ménagé une grande consolation aux missionnaires de Madagascar; tous ceux dont les postes avoisinaient Tananarive montaient chaque mois à la capitale pour y jouir pendant quelques heures des charmes de la vie de famille. Le P. Barbe, dont le cœur fut toujours si aimant et si sincèrement attaché à ses frères, était dans une vraie jubilation lorsque le jour de la réunion arrivait; auprès des Pères, il venait secouer la poussière qui s'était attachée à son âme, faire la confidence de ses peines et le récit de ses travaux, soumettre ses difficultés et chercher des lumières et des conseils ; puis, rempli d'un nouveau courage et animé d'une nouvelle ardeur, il reprenait le chemin de sa mission et continuait, loin des yeux des hommes, sous le seul regard de Celui qui voit dans le secret, sa vie d'immolation et de sacrifice, gagnant les cœurs à Dieu et travaillant lui-même à sa sanctification.

Cependant le temps marchait et l'heure vint qui devait ramener le 25ᵉ anniversaire du jour à jamais mémorable où les condisciples du P. Barbe entendirent leur Évêque leur adresser cette parole : Vous êtes prêtres pour l'éternité !

Depuis quelques années, Notre-Dame de Buglose voit accourir à ses pieds, de tous les points du Diocèse, un certain nombre d'ecclésiastiques qui, à un jour déterminé, se donnent rendez-vous auprès de la Madone : ce sont les prêtres qui viennent célébrer leurs *noces d'argent* dans le célèbre sanctuaire.

Ceux dont le P. Barbe fut le compagnon d'études voulurent, eux aussi, suivre la pieuse tradition ; et la pensée leur vint d'associer à leur fête ceux de leurs frères que le souffle de Dieu avait jetés sur d'autres plages. Une lettre vint donc annoncer au missionnaire de Madagascar que, le 17 mai 1881, tous ceux dont il avait partagé les travaux au petit séminaire d'Aire et au grand séminaire de Dax, et dont Dieu avait orné le front de la couronne du sacerdoce, allaient renouveler la mémoire du plus beau jour de leur vie, et goûter ensemble la vérité de ces paroles du Prophète royal : Qu'il est bon, qu'il est doux pour des frères d'habiter ensemble !

Voici en quels termes le P. Barbe remercia ses amis :

« Tananarive, 2 octobre 1881.

« Mes bien chers condisciples,

« Je vous remercie très sincèrement de tous
« les souvenirs précieux que vous nous avez en-
« voyés en mémoire de notre jubilé sacerdotal,
« au P. Caussèque et à moi ; tous ces objets seront
« soigneusement conservés ; nous les garderons
« comme un gage de l'union et de l'amitié que
« les temps et les distances n'ont fait qu'accroître
« de plus en plus. Au 17 mai, cette union et cette

« amitié ont pris un nouvel élan qui aura sa
« consommation dans l'éternité bienheureuse.

« Permettez-moi , bien-aimés condisciples et
« amis, de vous remercier pour ma part d'avoir
« bien voulu m'associer à une fête peut-être sans
« exemple dans les annales de l'Eglise. Tous les
« ennuis, toutes les peines, tous les frais ont été
« pour vous ; mais quand il s'agit d'honneurs, de
« privilèges, de biens spirituels, vous les partagez
« généreusement et sans réserve avec ceux qui
« ne sont qu'un prête-nom et qui n'ont absolu-
« ment rien fait. Oh! que Notre-Dame vous
« récompense tous pour votre grande charité !
« Nous n'avons que nos tribulations, nos prières
« et nos sacrifices à offrir à Dieu pour vous ; sachez
« bien que vous y avez et que vous y aurez tou-
« jours la plus large part, quel qu'en soit d'ailleurs
« le mérite personnel.

«...... Reconnaissance à vous tous, mes bien
« chers condisciples et amis ! honneur à vous
« aussi ! car votre vie déjà si pleine de bonnes
« œuvres, votre charité et votre désintéressement
« sans bornes, votre amour filial et tout exceptionnel
« pour la bonne Mère sont désormais inscrits et
« gravés en caractères ineffaçables dans le sanc-
« tuaire toujours si cher de Notre-Dame de Bu-
« glose. Et mon nom est là à côté du vôtre, près
« de l'image vénérée de Marie! C'est trop d'hon-
« neur et de bonheur ! merci ! merci ! merci !

« ...... Vous avez encore donné dans cette fête
« une grande part à la Compagnie de Jésus. Nous
« sommes tous élèves de cette Compagnie, et
« malgré les circonstances difficiles du moment,
« vous n'avez pas craint de vous afficher comme
« tels, et d'affirmer hautement votre amour et votre

« dévouement pour elle. Deux de vos condisciples
« sont membres de cette Société, vous l'avez rap-
« pelé sur tous les tons, sous toutes les formes et
« en des termes fort louangeux. Plaise à Dieu qu'ils
« soient mérités ! Vous avez tenu à honneur de
« donner la présidence de notre fête de famille à
« un Père de la Compagnie, celui-là même qui
« vous avait engendrés et formés autrefois à la
« vie sacerdotale. Grâce à Dieu, ce père de
« vos âmes a pu constater par lui-même que vous
« n'êtes pas des enfants dégénérés ; au contraire,
« il a trouvé en vous la pleine maturité de toutes
« les vertus du prêtre qu'il avait autrefois semées
« dans vos cœurs. Donc merci du bon souvenir que
« vous daignez conserver à cette Compagnie de
« Jésus et à ceux de ses enfants en particulier qui
« travaillent sur les plages lointaines au salut
« des pauvres âmes.

« Je voudrais tous vous nommer, mes bien chers
« condisciples et amis, et dire un mot à chacun
« de vous. Qu'il me suffise de vous dire que vos
« noms bénis et tendrement aimés seront précieu-
« sement conservés dans mes mains et dans mon
« cœur jusqu'à mon dernier soupir.

« Je demande au divin Cœur de Jésus et à
« Notre-Dame de Buglose, qu'au milieu des temps
« malheureux que nous traversons et des événe-
« ments si critiques qui nous menacent, nous de-
« meurions fermes au poste sans jamais fléchir,
« jusqu'à notre dernier souffle. Heureux ceux qui
« persévèrent jusqu'à la fin ! Mais confiance : un
« vrai enfant de Marie ne saurait périr, et, grâces
« soient rendues à Dieu, nous sommes de ce
« nombre.

« Je vous embrasse tous avec la plus grande
« effusion dans les saints Cœurs de J. M. J. Croyez-
« moi toujours votre ami et votre condisciple
« dévoué, en union de vos prières et de vos saints
« Sacrifices.

« Le plus petit d'entre vous tous,

« P.-F. BARBE,

« Missionnaire à Madagascar. »

L'affection si tendre et si profonde que le Père
Barbe ne cessa de porter à ses condisciples, et dont
l'expression si franche et si sincère donne tant de
charme à la lettre que nous venons de transcrire,
lui était rendue par tous ceux qui autrefois vécurent
de sa vie. Ils l'aimaient réellement et puisaient les
sentiments dont ils étaient animés à son égard dans
l'estime qu'ils professaient pour lui. Tous ceux que
nous avons interrogés pour recueillir de leur
bouche quelques détails édifiants nous ont dit avec
un accent de conviction qui nous a frappé, et avec
un accord qu'on aurait pu croire concerté d'avance :
le P. Barbe fut toujours un saint (1), et même au
séminaire il volait plutôt qu'il ne marchait dans la
voie de la perfection sacerdotale. Aussi, comme ils
ont vivement insisté pour nous déterminer à produire sa vie au grand jour et à faire resplendir son
âme si pure, si candide et si aimante à travers les
pages de ces lettres si touchantes et si pieuses qu'il
nous adressait de la Grande Terre de Madagascar !

____

(1) Conformément au décret d'Urbain VIII, chaque fois
que nous disons que le P. Barbe est un saint, nous n'enten-
dons émettre qu'une appréciation personnelle. Nous sommes
heureux de nous soumettre avec le plus profond respect et
le plus filial amour à l'autorité de la sainte Eglise, qui seule
a le droit de prononcer sur l'héroïcité des vertus de ses enfants.

« Que vous dirai-je, nous écrit celui qui fut,
« comme il l'appelle lui-même, « le bien-aimé
« directeur de son âme » (1), que vous dirai-je
« sur le compte de celui que je pleure, quand je
« pense qu'il nous a été ravi ? Pendant tout son
« séminaire, il ne cessa pas un seul instant d'être
« un modèle de régularité et de vertu. Faites donc
« tous vos efforts pour célébrer dignement celui
« qui fut sur la terre un de mes plus chers amis, et
« qui voudra bien, je l'en supplie, prier pour moi
« au ciel. »

« La nouvelle de la mort du P. Barbe a fait à
« mon cœur une profonde blessure, nous dit, de
« son côté, un de ses condisciples que la confiance
« de son évêque vient d'appeler à un des premiers
« postes du diocèse (2). Il était si bon ! jamais je
« ne pourrai l'oublier. Que je fus heureux de le
« revoir lors de sa dernière apparition dans le
« pays ! Son souvenir ne quittera pas ma mémoire,
« et je garderai comme une précieuse relique
« jusqu'à mon dernier soupir la photographie de
« celui qui pour moi est un saint. »

« Vous m'interrogez sur le bon P. Barbe,
« nous écrit, de son côté, un de nos prêtres les plus
« éminents (3). Que faut-il que je vous dise de
« celui qui fut un de mes intimes, un élève labo-
« rieux, un lévite qui a réalisé toutes les promesses
« et toutes les espérances qu'il donnait ?
« Sans vouloir ici vanter ma classe, j'ose affir-
« mer qu'elle a fait époque au séminaire de Dax.
« Les Révérends Pères Jésuites, et surtout le P.

(1) M. Dubroca, curé de Habas.
(2) M. Campagne, curé-doyen d'Arjuzanx.
(3) M. Dutiné, curé de Linxe.

4*

« Payan, se plaisaient à reconnaître le bon esprit
« qui nous animait, et l'entrain sacerdotal qui
« nous conduisait.

« Vous le voyez, ce que je vous dis est peu de
« chose, et pourtant j'estime que c'est beaucoup
« pour le bon P. Barbe ; *car, en toutes ces choses,*
« *c'était un des premiers.* »

Voilà le P. Barbe jugé par ceux qui le virent
de plus près, et qui par conséquent ont été à même
de mieux le connaître et de mieux l'apprécier. Ses
Supérieurs sont là pour nous affirmer qu'il fut à la fin
de son existence ce qu'on le vit dans les années de
sa jeunesse et de son ardeur sacerdotale, avec cette
différence que, « puisant le secret de ses progrès
« constants dans une piété solide, sa vie tout
« entière fut une marche ascendante vers Dieu ».
Ce sont les propres expressions du R. P. Cazet
dans la lettre qu'il adresse au R. P. Provincial
pour lui apprendre la mort d'un de ses meilleurs
ouvriers.

En attendant que les douloureux événements
que nous venons de traverser obligent le Préfet
Apostolique de Madagascar à nous envoyer cette
consolante parole avec le triste message, le P. Barbe
poursuit vaillamment son œuvre, et s'applique,
sans que son humilité s'en doute, à mériter qu'elle
soit prononcée sur sa tombe.

On serait peut-être bien aise de savoir ce que
faisait l'humble missionnaire à la fin de sa vie et à
la veille du jour où la persécution devait l'enlever
à l'affection de ses chers Malgaches.

Nous sommes servis à souhait par la dernière
lettre qu'il nous a envoyée de Tananarive, six mois

avant sa mort. Nous sommes heureux de la reproduire :

« Tananarive, 24 avril 1883.

« Mes bien chers parents,

« ...... Je vous ai envoyé ma photographie que
« vous réclamiez depuis si longtemps, et vous me
« dites qu'après l'avoir considérée avec attention
« vous avez eu quelque peine à me reconnaître.
« Ne soyez pas trop étonnés : j'ai pris dans ces
« pays tropicaux un teint qui n'est pas éclatant de
« blancheur ; le soleil m'a un peu *doré* de ses rayons,
« et puis je me fais vieux. Plusieurs de mes dents
« sont tombées, ma barbe blanchit ; cependant je
« ne suis pas encore trop cassé de vieillesse, et
« sans quelques secousses assez fortes qui me fati-
« guent de temps en temps, je pourrais dire que
« ma santé est bonne. Je puis même faire à pied,
« trois, quatre et cinq lieues de chemin pour des-
« servir les différents postes qui me sont confiés.

« Voulez-vous savoir maintenant quelle vie je
« mène dans ces parages ? J'aurais beaucoup à
« vous dire, et je dois me borner.

« Le proverbe dit : il faut d'abord songer à vi-
« vre. Sur ce point je tâche de simplifier les choses
« le plus possible : le matin, pour mon déjeuner,
« je prends un peu de café noir ; à midi, deux œufs
« et un petit morceau de viande ; s'il y a du des-
« sert, on en mange, sinon on s'en passe. A souper,
« encore un petit morceau de viande et quelques
« légumes. Notez qu'il faut encore s'occuper de
« l'achat de toutes ces choses, de la manière dont
« on les fait cuire, du bois ou plutôt de l'herbe sè-
« che qu'on brûle à cet effet ; sans quoi votre do-

« mestique, qui n'est pas toujours un homme de
« confiance, pourrait bien vous tromper un peu.
« Voilà pour le matériel.

« Pour le spirituel ou les œuvres de zèle, nous
« avons les offices, les chants, les catéchismes, les
« écoles, la visite et le soin des malades (sachez
« que je suis un peu médecin à ma façon, et qu'a-
« vec les remèdes des excellentes demoiselles Da-
« gès je fais des cures merveilleuses), la prédica-
« tion, l'apostolat à domicile, l'enseignement sur
« les grands chemins, sur les places publiques et
« dans les bazars. Mais ce n'est pas une paroisse
« ou assemblée à desservir ainsi ; pour mon compte,
« j'en ai une dizaine dispersées sur une longue
« étendue de terrain. Si je voulais les parcourir
« toutes d'un seul trait sans m'arrêter, je mettrais
« bien huit heures. Ah ! il faut l'avouer, notre vie
« est pénible, et on a besoin, pour prendre courage,
« de se rappeler souvent la vie, la mort et sur-
« tout la Passion de Notre-Seigneur, sans oublier
« la récompense qui nous attend dans le ciel. Qui
« l'aura, cette récompense ? Je vous avoue fran-
« chement que, quoique chrétien, religieux, prêtre
« et missionnaire, j'ai une peur incroyable de pa-
« raître devant le Souverain Juge. Et ce ne sont
« pas là des craintes chimériques ; ces appréhen-
« sions vraies ont un fondement réel. Tant de grâ-
« ces reçues et si peu de bien réalisé, en soi et
« dans les autres ! il y a réellement de quoi trem-
« bler ! Quel parti prendre donc ? se confier d'a-
« bord dans la grande miséricorde de Dieu, et puis
« tâcher de mieux faire à l'avenir. Ah ! certes, ce
« n'est pas que je craigne la mort pour la mort ;
« je ne tiens pas à la vie, je ne l'ai jamais aimée
« nulle part ; mais il faut gagner le ciel et aussi

« quelques âmes, s'il y a moyen. Après avoir fait
« à peu près ce que j'ai pu, je me mets entre les
« mains du bon Dieu pour la vie et pour la mort,
« avec l'espérance cependant de posséder la vie
« éternelle. Quand serons-nous réunis ensemble,
« pour ne plus nous séparer jamais ? Quand cela
« plaira au bon Dieu.

« Allons ! prions bien, afin qu'aucun de nous
« ne manque à ce rendez-vous de félicité. Encore
« quelques jours peut-être, et nous irons rejoindre
« nos bien-aimés parents qui nous ont précédés
« dans l'éternelle béatitude.

« Adieu ! priez bien pour moi ! je vous embrasse
« tous affectueusement. Bien à vous tous et de
« tout cœur.

« F. BARBE, S. J. »

Cette lettre était écrite dans le mois d'avril ; au
mois de mai, le P. Barbe s'enfermait dans la maison
que les Pères possèdent à Ambohipo, et faisait sa
retraite. Ce devait être la dernière. Voici ce qu'a-
vant de l'achever il écrivait sur son cahier spirituel :

« J'ai près de 53 ans d'âge, 30 ans de Compa-
« gnie, et 16 ans de mission dans les pays étran-
« gers. Pendant ce temps, Dieu a beaucoup travaillé,
« en moi ; je puis dire qu'il est allé de prodiges
« en prodiges dans son immense bonté à mon
« égard, malgré toute mon inconstance, toutes mes
« défections et toutes mes ingratitudes.....

« Une chose que je comprends mieux pratique-
« ment aujourd'hui, c'est qu'il est impossible de
« faire du bien dans les âmes si l'on n'est pas soi-
« même un saint, et un grand saint. Or il me sem-

« ble que la sainteté a sa source principale dans
« l'accomplissement parfait des exercices de piété.
« C'est assez dire qu'à l'avenir je m'appliquerai à
« les faire de mon mieux. »

L'épreuve suprême peut venir maintenant :
l'homme de Dieu, armé de toutes pièces, est prêt à
en soutenir victorieusement l'effort.

CHAPITRE IX

L'EXIL.

L'orage grondait depuis longtemps sur la terre
de Madagascar. L'Angleterre, grâce aux prédicants de ses diverses sectes, arrivait insensiblement
à la réalisation de ses plans ambitieux, et peu à
peu les Malgaches, fatigués du protectorat de la
France, foulant aux pieds avec une insigne mauvaise foi les traités déjà conclus, rendaient nos rela-
tions avec les Hovas tellement difficiles que, pour
des raisons que nous n'avons pas à exposer ici, la
flotte française se voyait obligée de bombarder les
côtes de la grande île.

La reine et le premier ministre répondirent à
cette déclaration de guerre par un édit de proscrip-
tion ainsi conçu :

« Aux citoyens français habitant l'Émirne : Voici
« ce que nous vous disons : Considérant les hos-
« tilités commencées dans le Nord par l'amiral
« Pierre, vu le désir que nous avons de respecter

« vos personnes, nous vous donnons jusqu'à mer-
« credi 30 mai 1883 pour quitter le pays et repas-
« ser les mers. »

Une lettre contenant cette sentence d'exil est immédiatement remise aux Pères, et dès ce moment ils sont considérés comme proscrits. En vain font-ils remarquer au gouvernement malgache qu'il leur sera impossible en si peu de temps de faire leurs préparatifs de voyage, et de régler toutes choses ; que plusieurs missionnaires étant retenus dans leurs postes à la campagne, et quelques-uns à des distances considérables, il leur faudra plusieurs jours pour monter à la capitale : toutes les observations sont inutiles, et les Pères comprennent alors qu'ils ne doivent plus mettre leur espoir qu'en Dieu.

Des courriers sont aussitôt expédiés dans toutes les directions, pour signifier aux persécutés de Jésus-Christ leur sentence d'exil, et la plupart arrivent à temps pour partir avec la grande caravane.

Le P. Barbe est là, lui aussi, prêt à entrer dans la voie douloureuse qui pour lui seul doit aboutir au Calvaire.

Un appel suprême est adressé pour les derniers adieux aux catholiques de Tananarive, qui foulent aux pieds toutes les menaces et toutes les craintes, et se précipitent dans l'église. Le Saint-Sacrement demeure exposé jour et nuit jusqu'au départ des Pères ; les confessionnaux sont assiégés par une multitude de pénitents sans cesse renouvelée ; on prie, on pleure : c'est un spectacle à la fois triste et solennel.

La persécution qui commence donne à la vertu

de ces chrétiens récemment enfantés à Jésus-Christ l'occasion d'éclater au grand jour. « Laissez-moi communier, disait l'un d'eux ; avec mon Dieu je ne craindrai plus la mort. » Un autre répétait la parole si familière aux martyrs : « On pourra nous tuer, mais jamais nous ne renoncerons à la religion catholique ».

Cependant le moment fatal approche, et les pauvres missionnaires entourés de leurs enfants qui pleurent, le cœur brisé et les yeux en larmes, vont dire adieu à cette terre de Madagascar qu'ils ont fécondée de leurs travaux, arrosée de leurs sueurs, et sur laquelle ils auraient voulu mourir.

Le mercredi 30 mai, à dix heures et demie, ils sont tous réunis à l'église ; le P. de La Vaissière, leur Supérieur général, leur adresse ces paroles : « Voici le moment du sacrifice ; faisons-le de tout notre cœur... Nous quittons notre chère Mission. Avant de prendre le chemin de l'exil, appelons sur nous la protection de Dieu ».

Le P. Supérieur commence la prière en face de l'autel dépouillé ; les autres Pères répondent ; mais les sanglots étouffent leur voix.

Tout est consommé ; ils sortent de l'église, les porteurs sont là, tout est prêt, on part.

La pieuse caravane se met en marche, elle se compose de 30 Pères, de 10 Frères coadjuteurs, de 3 Frères de la Doctrine Chrétienne, et de 11 Sœurs de Saint-Joseph de Cluny. Les proscrits traversent la place d'Andohalo, trop petite pour contenir la multitude qui s'y est précipitée, et qui, silencieuse et sympathique, s'écarte sur leur passage en leur ouvrant entre ses rangs pressés un petit sentier par lequel ils défilent un à un.

En ville, l'attitude de la population est parfaite ; c'est vraiment le triomphe de la religion.

Mais l'ennemi de tout bien rugissait dans l'ombre, et avait juré de tirer vengeance du dommage fait à sa cause par les vaillants ouvriers de Jésus-Christ. Les Pères passent dans un camp où l'armée malgache avait dressé ses tentes ; quelques jours auparavant, l'un d'entre eux y apparaissait, et on criait *Hosanna* autour de lui ; aujourd'hui la scène change, et on n'entend plus que ce cri de mort : Qu'ils soient crucifiés !

Travaillés par quelques chefs plus fanatiques que guerriers, les soldats s'attroupent sur les chemins, et à certains moments s'opposent au passage des Pères. Ils vomissent contre eux un torrent d'injures qu'une plume honnête se refuse à transcrire ; cette soldatesque effrontée va jusqu'à frapper ces innocentes victimes : les uns reçoivent des coups de poing, les autres sont violemment tirés par la barbe, tous sont abreuvés d'ignominies. Mais, à l'exemple de Notre-Seigneur, avec lequel ils ont aujourd'hui un trait de ressemblance plus parfaite, comme des agneaux que l'on conduit à la mort, ils n'ouvrent pas la bouche pour se plaindre, et poursuivent, résignés à toutes les épreuves, leur marche douloureuse.

En temps ordinaire, six ou sept jours suffisent pour franchir la distance qui sépare Tananarive de Tamatave ; les Pères mettront près d'un mois à effectuer leur pénible voyage.

Ils feront régulièrement chaque jour deux étapes de deux à trois lieues chacune ; mais parce que la caravane est très nombreuse, et aussi à cause des soldats expédiés à Tamatave, ils seront souvent retardés dans leur marche, et plusieurs jours s'écouleront sans qu'ils puissent avancer d'un pas.

Ils étaient partis le 30 mai ; le 1er juin, l'Eglise célébrait la fête du Sacré-Cœur de Jésus. Que de fois et avec quel éclat ils l'avaient solennisée à Tananarive dans l'église qui lui est consacrée ! Et aujourd'hui c'est sur le chemin de l'exil qu'ils offrent leurs louanges à Celui qui a tant aimé les hommes.

Effrayé à la seule perspective des calamités qui attendent les malheureux proscrits, le Père de La Vaissière, comme inspiré du ciel, propose de faire un vœu au Sacré-Cœur de Jésus, et, avec l'assentiment général, il formule à haute voix, pendant le saint Sacrifice, la promesse solennelle d'une neuvaine de messes et de communions s'ils sortent tous sains et saufs des dangers qui les menacent.

Le voyage continue sans autre incident que des privations de tout genre, des fatigues continuelles et des douleurs au-dessus de toute expression.

Mais tandis que les Pères s'éloignent de plus en plus, et pendant qu'ils gémissent dans l'exil, que vont devenir les infortunés chrétiens qu'ils ont laissés dans l'Emirne et à la capitale ? Quel sort est réservé à leurs églises et à leurs écoles ? Le bon Pasteur, qui a tant fait pour les brebis de son nouveau bercail, va-t-il les abandonner sans protection à la fureur de leurs ennemis ? Non, l'épreuve n'est pas la mort ; elle est, entre les mains de Dieu, un moyen de purification. Au reste, Notre-Seigneur l'a dit, et il faut que sa parole se réalise pour sa gloire et le salut des âmes : Bienheureux sont ceux qui souffrent persécution pour la justice, car le royaume de Dieu leur appartient !

Les Pères commencent leur journée chaque matin à quatre heures ; à quatre heures et demie toute la Mission catholique est debout, et prête à entendre la sainte Messe. Cette réunion, ces chants, ces prêtres, ces religieux, ces fidèles participant tous à la communion, offrent un spectacle touchant, grave et solennel, qui rappelle les scènes de la primitive Eglise, alors que l'évêque seul célébrait les saints mystères entouré de tout son clergé et du peuple chrétien, et que tous prenaient part au festin eucharistique, en même temps qu'ils assistaient au saint Sacrifice.

La caravane poursuit sa marche ; les soldats la précèdent et se montrent parfois d'une insolence révoltante ; les voyageurs sont pillés, leurs bagages enlevés, et alors qu'ils ont à peine le nécessaire pour ne pas mourir de faim, on leur ravit encore le peu qu'ils possèdent. Et parce que toutes les épreuves leur étaient ménagées, trois Pères et une Sœur tombent malades. De plus, de sinistres rumeurs circulent sur tous les points ; on annonce que les Français sont à même de bombarder Tamatave, et que la ville sera détruite avant que les exilés puissent y trouver asile. Que vont devenir les missionnaires à la merci des soldats malgaches, ennemis jurés de la France ? De toutes les poitrines oppressées par l'angoisse s'échappe ce cri de détresse : « Seigneur, je remets mon âme entre vos mains ».

Cependant les Pères avancent peu à peu, et chaque jour les rapproche du terme de leur périlleux voyage. Mais une nouvelle émotion vient mettre leur courage à l'épreuve : ils apprennent de source certaine que le premier coup de canon a été tiré sur la côte, et à cette nouvelle les porteurs refusent de faire un pas s'ils ne reçoivent pas, en échange de leurs services, le double de la rançon ordinaire. Que faire ? il faut s'exécuter ; la caravane monte sur des pirogues et arrive à Andevorante, où le gouverneur avait intimé la défense de vendre même des vivres aux Français. Quel sort leur est donc réservé, et vont-ils succomber misérablement aux horreurs de la faim ? Dieu les protège, et veut qu'un chef malgache obtienne qu'il soit permis aux missionnaires d'acheter quelques poignées de riz.

La nouvelle du bombardement de Tamatave se confirme ; on dit que le fort et les cases ne sont plus qu'un monceau de ruines, et que seules les maisons des Européens sont encore debout ; le canon se fait même entendre dans le lointain. Quelle belle occasion de représailles, si Dieu ne vient pas en aide à ceux qui placent toute leur espérance dans son secours ! Mais sa main les garde, et ceux qui pouvaient si facilement les mettre à mort deviennent leurs sauveurs.

Enfin, les voici parvenus à la dernière étape ; dans deux ou trois heures ils seront sous les murs de Tamatave. Mais la panique est générale, le village est abandonné, toutes les barques sont cachées, et les porteurs, saisis par la crainte, refusent d'aller plus loin ; seuls les Français peuvent avancer. Les exilés se jettent de nouveau avec confiance dans les bras de Dieu, et, dans une prière commune, le supplient de vouloir être jusqu'à la fin leur protection et leur salut.

Leur confiance ne devait pas être trompée. O providence de Dieu ! ils venaient à peine de se mettre en marche que tout à coup ils aperçoivent au loin un groupe considérable qui d'un pas résolu semblait se diriger vers eux : c'étaient les 200 soldats français que l'amiral Pierre, informé de l'arrivée des Pères et des dangers que courait leur vie, leur envoyait avec un canon, pour protéger leur retraite et les mettre à couvert des attaques des ennemis vaincus.

Ils sont sauvés.

Dieu soit loué ! Gloire au Sacré-Cœur de Jésus qui les a tous conduits sains et saufs ! Les voilà à Tamatave, où le pavillon français flotte sur le fort. Brisés de fatigue et épuisés par les privations et surtout par les chagrins, mais pleins de courage, de reconnaissance et de résignation, ils se jettent tout en larmes dans les bras de leur Père bien-aimé, le R. P. Cazet, qui les embrasse à son tour, et pleure avec eux sans pouvoir proférer une parole.

En même temps que nous avons raconté l'exil des apôtres de Madagascar, nous avons fait l'histoire du P. Barbe, qui en partagea si largement toutes les épreuves, toutes les souffrances et toutes les amertumes.

Arrivé à Tamatave, un de ses premiers soins est de nous relater sommairement les faits qui viennent de s'accomplir, et de nous donner une idée exacte de la situation que la persécution a créée aux missionnaires de Tananarive.

S'oubliant lui-même, il ne pense qu'à ceux de ses frères exilés comme lui, que le mauvais vouloir

du gouvernement malgache, la difficulté des chemins, les indignes traitements d'ennemis fanatisés
retiennent peut-être encore à d'immenses distances
et empêchent d'arriver à Tamatave. Aussi combien
grande fut sa joie lorsqu'il vit arriver, après des
difficultés inouïes, tout le personnel de la Mission
des Betsiléos ! Mais cette joie ne tarda pas à être
empoisonnée par la douleur qu'il ressentit en apprenant, par les lettres du P. Chenay et du P. Mo-
risson qui leur avaient survécu, et avaient pu
aborder à Maurice, la mort du P. de Batz, d'Auch,
et du F. Brutail, des Landes, qui avaient succombé
aux privations, aux fatigues, et peut-être aux tortures de la faim.

Que la volonté de Dieu soit faite ! disait sans
cesse le P. Barbe à l'annonce d'un nouveau malheur, et lorsqu'il sentait devenir plus pesante encore la croix déjà si lourde que la main du Seigneur
avait placée sur ses épaules.

Cette parole, il eut de nombreuses occassions de
la répéter ; car chaque jour amenait pour lui de
nouvelles souffrances. « Qu'une ville en état de
« siège est donc triste ! écrivait-il à la date du 6
« août 1883. Que de ruines ! que de désastres ! que
« d'incendies ! plus de vie, plus de commerce,
« plus de mouvement. Il nous est défendu de fran-
« chir la petite barrière qui fait le tour de la ville :
« aussi voilà trois semaines que je n'ai pas mis le
« pied en dehors de l'enclos de la Mission. Nous ne
« pouvons recevoir aucune provision de l'intérieur
« de l'île, qui est complètement fermée ; nos ap-
« provisionnements, qui sont loin d'être suffisants,
« nous viennent par la voie des navires, et sont
« d'une cherté excessive. Que de choses nous
« manquent en fait de nourriture, de logement et

« de vêtement ! Plusieurs d'entre nous sont arrivés,
« n'ayant que ce qu'ils portaient sur leur corps.
« Mais nous avons fait vœu de pauvreté, et nous
« devons nous estimer heureux d'en éprouver en
« ce moment quelques effets pratiques. »

Aux privations auxquelles il est impossible de se soustraire dans une ville occupée militairement, vint s'ajouter pour nos missionnaires une épreuve d'un nouveau genre : les fièvres et les maladies se jetèrent dans leurs rangs, et obligèrent le Préfet apostolique à envoyer à Bourbon et à Maurice plusieurs de ses ouvriers. Le P. Barbe, qui resta près de lui, eut sa large part ; il est obligé d'en convenir, malgré le désir qu'il avait de garder à ce sujet le secret le plus absolu.

« Oh! merci, s'écrie-t-il dans la dernière lettre
« qu'il nous a écrite, le 5 octobre 1883, merci de
« la compassion que vous voulez me porter au mi-
« lieu de nos infortunes ! Elles sont grandes, poi-
« gnantes, terribles ; mais, grâce à Dieu, la rési-
« gnation de notre part est plus grande encore. Priez
« et faites prier beaucoup, afin que notre abandon
« à la divine Providence soit toujours plein et
« entier. La théorie de cet abandon lue dans les
« livres nous paraît admirable ; mais quand
« il faut réellement en venir à la pratique, les
« difficultés apparaissent. On y arrive cependant
« avec la grâce de Dieu !

« Soyez tous sans préoccupation sur mon compte ;
« Dieu me garde dans toutes mes voies. Quant à
« retourner en France, la pensée ne m'en est ja-
« mais venue ; merci donc, merci à tous des pro-
« positions charitables que vous me faites ! Conten-
« tez-vous d'aller prier souvent pour le pauvre
« exilé, dans notre chère église de Doazit.

« En supposant que par suite de certaines circons-
« tances je dusse quitter Tamatave, nous avons là
« à côté de nous Bourbon et Maurice: on trou-
« vera bien quelque petit coin, pour m'y caser. Et
« si ces deux îles se fermaient pour nous, n'avons-
« nous pas encore toute l'Afrique, l'Asie et l'Amé-
« rique, sans compter les îles de l'Océanie, où
« nous pourrions au besoin aller exercer notre
« zèle ?

« Nous attendons, nous patientons, et nous
« prions. Nous espérons surtout, et nous avons la
« confiance que de beaux jours ne tarderont pas à
« se lever pour la mission de Madagascar aujour-
« d'hui si éprouvée, et qu'une grande moisson y
« attend les ouvriers apostoliques. »

Telles sont les dernières paroles tombées de la
plume du missionnaire, quinze jours avant sa mort:
paroles pleines de zèle, qui révèlent toute son âme
dévorée du besoin de se dépenser pour Dieu et
pour les intérêts de sa cause.

Mais le Ciel trouvait assez riche la couronne que
le vaillant apôtre s'était lui-même tressée au milieu de ses travaux, de ses fatigues et de ses peines;
les calamités de la suprême épreuve y avaient
ajouté les derniers fleurons, et le moment était
venu où Dieu avait décidé de la placer sur son
front illuminé des splendeurs de l'immortalité.

CHAPITRE X.

LES DERNIERS JOURS DU P. BARBE. — HOMMAGES RENDUS A SA MÉMOIRE.

A peine arrivé à Tamatave, le P. Barbe vit sa santé s'altérer rapidement ; de nombreuses et fréquentes indispositions, provoquées sans doute par l'espèce de martyre qu'il avait enduré, vinrent le surprendre et lui annoncer qu'il devait mettre la dernière main à l'œuvre de sa sanctification et se tenir prêt à répondre à l'appel du Seigneur.

Il put cependant se rendre utile et remplir jusqu'au bout la tâche que ses Supérieurs lui avaient assignée. Ainsi, le 7 octobre, en la fête du Saint Rosaire, si douce à son cœur, parce qu'elle lui rappelait, en même temps que les bontés de la Mère la plus tendre, l'émission de ses premiers vœux, il donna dans l'église de Tamatave une instruction qui fut fort appréciée. Marie voulut que les derniers accents du missionnaire si cher à son cœur lui fussent consacrés, et elle-même guida sur ses lèvres sa parole que tous trouvèrent pleine d'une suave onction et d'une véritable éloquence. « Notre-« Dame du Rosaire, disait-il, nous suit en tout « temps et en tout lieu. C'est Marie qui s'inclina vers « nous petit enfant, à l'appel pieux de notre mère « de la terre. Oh ! qu'il était heureux ce petit en-« fant, lorsque sa mère lui disait qu'il avait une « autre Mère bien meilleure au ciel, lorsqu'elle « lui remettait pour la première fois un petit

4**

« chapelet !.... Marie veilla aussi sur notre adoles-
« cence; et qu'ils sont nombreux les dangers aux-
« quels elle nous a soustraits !... Elle est encore
« la consolation du vieillard qui l'implore, et dont
« les pas se précipitent vers la tombe.... Ah ! quel
« beau spectacle que ces milliers de chrétiens
« prosternés devant la grotte de Lourdes prenant
« le chapelet, et, par la prière, contraignant en
« quelque sorte la T. S. Vierge à se montrer à
« l'humble Bernadette ! Un pays qui a vu et voit
« encore chaque jour de si belles choses ne saurait
« périr.... »

M. le consul et plusieurs officiers de terre et de
mer, qui avaient entendu le bon Père, demeurè-
rent une fois de plus convaincus de l'influence sérieuse et durable exercée par les missionnaires en
pays lointain, au grand avantage de la France
catholique.

Dès ce moment le P. Barbe se sentit très fatigué; mais rien n'annonçait encore une prochaine
catastrophe ; car sur les côtes l'état de malaise
dont il avait à souffrir est assez ordinaire. Cependant ce qui se passait en lui était de nature à jeter
l'alarme; ses dernières dents branlaient et tom-
baient, son visage était extrêmement pâle, et ses
lèvres avaient une teinte livide qui semblait pré-
sager la mort. Malgré tout, le bon Père résistait
au mal avec la plus grande énergie, se montrait en
récréation avec son amabilité ordinaire, et adressait
à chacun de ses frères une de ces bonnes paroles
dont il avait le secret.

Le moment vint cependant où il dut s'arrêter.

C'était le samedi 20 octobre. A 5 heures, il se
traînait péniblement vers l'église, et disait la sainte

Messe à l'autel de la T. S. Vierge, en un jour consacré à Marie, dans un mois où l'Église s'applique à l'honorer d'une manière particulière et sur un autel qui lui était dédié. Ce fut la dernière fois que le généreux missionnaire, enfant de N.-D. de Buglose et de Maylis, offrit sur la terre l'auguste Victime.

Il avait eu une peine inouïe à achever le saint Sacrifice, et le P. Gauchy remarqua que l'étole dont il s'était servi était inondée de sueur.

Après la messe, il essaie de faire son action de grâces, sort un instant pour respirer, rentre bientôt après, s'asseoit sur un banc, cherche une position, appuie ses bras et s'endort. Il ne tarde pas à se réveiller, et, n'y tenant plus, il quitte l'église, monte dans sa chambre et se couche. Le docteur Trotet, médecin habile et ami particulier des Pères, est aussitôt mandé : il prescrit un traitement et ne paraît pas préoccupé de l'état du malade. La journée du samedi se passe sans aucun incident sérieux, et on veut espérer encore que l'indisposition ne sera que légère. Cependant la nuit du samedi au dimanche fut agitée et douloureuse, et lorsque le matin le Frère infirmier voulut changer le linge du malade, il fut péniblement surpris de le voir s'affaisser sans force sur lui-même et tomber dans un état de prostration complète : c'est l'indice d'une fièvre très grave. La journée fut mauvaise, et la nuit du dimanche au lundi plus mauvaise encore ; la tête était prise par moments et la langue comme paralysée ; le Père entendait difficilement et parlait avec peine ; et comme son cœur était toujours au milieu de ses chrétiens qu'il ne devait plus revoir, dans son délire il parlait malgache, la langue de ses chers enfants.

Le mal empire sans cesse; le moment est venu de recourir aux derniers secours de la religion. Le R. P. Cazet s'approche du malade et lui annonce que le Père spirituel va venir pour lui donner l'absolution. « Dans quelques instants », répond doucement le P. Barbe; « je vais me préparer. » Il s'était confessé deux jours auparavant. A cause de la difficulté qu'il avait d'avaler même un peu d'eau, il ne put pas recevoir le Saint Viatique.

A 10 heures et demie, la cloche appelait toute la communauté, et avec une émotion impossible à décrire, mais que nous comprenons sans peine, parce que nous connaissons son cœur, le R. P. Cazet donne au malade le sacrement de l'Extrême-Onction. Touchant et douloureux spectacle ! le P. Barbe est étendu agonisant dans ce lit où il va bientôt rendre le dernier soupir ; derrière le lit se trouve une petite statue du Sacré-Cœur de Jésus; à gauche un tableau bien modeste de N.-D. des Sept Douleurs ; près de la porte la petite table de travail, sur laquelle a été clouée une caisse qui forme deux rayons de bibliothèque. Dans ces rayons trois ou quatre livres avec quelques gravures, dont une de saint Joseph et une autre de N.-D. de Buglose; pour tout ameublement, une chaise, et dans un coin une boîte en fer-blanc dans laquelle le bon Père a déposé quelques manuscrits. Le voilà bien, le pauvre de Notre-Seigneur, qui a tout laissé pour le suivre.

Les Pères se pressent dans la cellule et pleurent à chaudes larmes. Leurs yeux ne voient pas seulement dans le cher malade un Père et un Frère en religion; leur pensée va encore jusqu'à Doazit, jusqu'à la famille du missionnaire qui est loin de s'attendre, à cette heure, au malheur qui va la frapper.

Hélas ! ni les soins du médecin, ni les prières ardentes qui montent vers le ciel ne peuvent arrêter le mal ; la fièvre va toujours croissant, la respiration devient embarrassée, le pauvre malade s'agite beaucoup, le dénouement approche.

A une heure et demie de l'après-midi, le P. Bareyt s'approche du mourant et lui dit à l'oreille : « Père, demandez à la Sainte Vierge de vous guérir ». Point de réponse. Un moment après, il lui suggère ces paroles : « Jésus, Marie, Joseph ! » et le cher malade répète bien distinctement : « Jésus, Marie, Joseph ! »

Deux ou trois minutes après, entrent deux bonnes Sœurs de Saint-Joseph ; le Père ne paraît pas les reconnaître. Presque en même temps vient le Père Cazet : « Père Barbe, s'écrie-t-il, dites avec moi : Jésus, Marie, Joseph, je vous donne mon cœur, mon esprit et ma vie ! » Et le malade, quoique avec un peu de peine, répète toute l'invocation. Le Père Préfet poursuit : « Jésus, Marie, Joseph, assistez-moi à ma dernière agonie ! Jésus, Marie, Joseph, faites que j'expire en paix dans votre sainte compagnie ! » A ces mots, le malade ne fait plus entendre de soupirs, et dit bien clairement : « Oh ! je n'ai pas oublié cela ! » Le P. Cazet l'entretient ensuite de la Mission, et lui dit d'en recommander les intérêts à saint Joseph. « Ah ! dit-il en se rappelant les paroles « de l'oraison du saint patriarche qui revenaient « souvent sur ses lèvres : que son intercession nous « donne ce que nous sommes impuissants à « obtenir ! »

Le P. Préfet reste seul un instant avec le malade.

4***

Tout à coup il s'aperçoit que les yeux deviennent fixes et vitreux. « C'est la fin ! » s'écrie-t-il en tremblant, et il court avertir la communauté. Le docteur vient en même temps, et dit à son tour : « Tout espoir est perdu ! la mort est là ! »

La cloche sonne ; l'agonie a commencé. Pour la seconde fois les Pères entrent dans la cellule ; le Père Lacomme donne l'indulgence plénière ; le Père spirituel renouvelle l'absolution ; on récite les prières des agonisants, et on supplie la Sainte Vierge de venir au secours de son serviteur. On arrivait à peine à cette parole : « Partez de ce monde, âme chrétienne ! » que la belle âme du P. Barbe, comme si elle n'avait attendu que cet ordre pour s'envoler, brisait son enveloppe terrestre et prenait son essor vers le ciel.

Le P. Barbe mourait le 22 octobre 1883, à 6 heures du soir, à l'âge de 53 ans, après 30 ans de vie religieuse, et 16 ans d'apostolat en pays étranger.

Le corps inanimé du vénéré défunt demeure pendant 36 heures sur l'humble lit où il a rendu le dernier soupir. Ses mains tiennent le chapelet et le crucifix des vœux ; à droite et à gauche sont placés des bouquets de fleurs dont le parfum embaume la cellule. Les Pères veillent sans cesse jour et nuit auprès du corps, et il semble qu'un charme secret les retient auprès de ces restes bien-aimés. Le visage du P. Barbe porte encore l'expression de cette douceur qui ne l'abandonna jamais, et le reflet de ce calme, de cette paix et de cette tranquille sérénité qui sont sur la terre le partage des Saints.

Les visites à la chambre mortuaire ne discontinuent pas jusqu'à l'heure des obsèques ; les catholiques tiennent à venir acquitter une dette d'affection et de reconnaissance, tous les enfants de l'école arrivent à leur tour ; les petites élèves des Sœurs récitent pieusement leur rosaire et, avant de quitter la couche funèbre, jettent de l'eau bénite sur les restes du bon Père.

Les funérailles eurent lieu le mercredi matin et furent un véritable triomphe. Tout ce qu'il y a de Français dans la ville et beaucoup de Mauriciens sont là. A 8 heures se fait la levée du corps. M. le consul de France, un aide de camp du commandant de la station, une députation de marins, le capitaine de gendarmerie avec plusieurs de ses hommes, sont sur pied, rendant les honneurs à ce soldat de Jésus-Christ. Le R. P. Lacomme chante la messe. Le P. Préfet Apostolique, ayant à sa droite et à sa gauche le P. Lacombe et le P. Cassagne, conduit le deuil ; quatre notables de la ville, parmi lesquels M. le consul d'Italie, tiennent les cordons du poêle.

L'absoute est faite par le R. P. Cazet ; il y a des larmes dans sa voix. Les assistants paraissent touchés; tout les frappe : la vue des Pères en surplis entourant le corps de leur frère, les ornements sacerdotaux sur le cercueil, le souvenir des récentes instructions données dans cette même église par le bon Père défunt.

Au cimetière, tous les Pères viennent l'un après l'autre jeter de l'eau bénite sur les restes du cher missionnaire déposé dans la tombe : c'est leur dernier adieu. M. le consul et le jeune officier qui remplace le commandant de la *Naïade* s'approchent à leur tour. Puis tous se retirent en silence.

Et maintenant le bon Père repose dans un petit enclos donné à la Mission par une excellente catholique, à l'ombre de beaux palmiers dont les grandes feuilles s'inclinent doucement, comme pour protéger sa tombe abritée sous les bras de la croix.

Ses parents et ses amis qui le pleurent n'auront pas la consolation de venir s'agenouiller devant ses restes ; mais ceux qui pendant sa vie et au moment de sa mort lui ont témoigné tant d'affection, viendront souvent à leur place déposer leurs fleurs et leurs prières.

Les Saintes Lettres nous disent que la mémoire du juste sera en bénédiction. Cette prophétie s'est de tous points réalisée en faveur du P. Barbe, et ses yeux venaient de se fermer à la lumière, la dernière pelletée de terre venait à peine d'être jetée sur son cercueil, que déjà il se formait autour de son nom un concert de louanges dont les notes éparses, si nous les recueillions, pourraient nous aider à composer en son honneur le plus glorieux des panégyriques. Qu'on en juge :

« Quel coup vient de nous frapper, mon cher
« ami! nous écrit le P. Cazet. Votre cher oncle est
« mort ! Quelle épreuve ! Hier matin, pendant la
« messe, à la pensée que Notre-Seigneur allait
« peut-être nous prendre ce vaillant ouvrier, je ne
« pouvais maîtriser mon émotion, ni prononcer à
« certains moments les paroles liturgiques. Et
« maintenant c'est fini ! je pleure en vous écrivant
« ces lignes, tant je sens la grandeur de la perte
« que fait la Mission de Madagascar ! Mais le
« Seigneur nous l'avait donné, le Seigneur nous
« l'a enlevé ; que son saint nom soit béni !

« Le bon P. Barbe avait une si belle âme ! je
« le connaissais depuis près de 30 ans, et depuis
« son arrivée en mission, c'est-à-dire depuis 16
« ans, j'ai toujours été son supérieur médiat ou
« immédiat. Comme il était dévoué ! Je lui ai pro-
« posé quelquefois des travaux pénibles : il était
« toujours prêt ; jamais la moindre observation.
« Quelle humilité ! quelle obéissance ! quel zèle !
« quel dévouement pour tout ce que je lui
« confiais !..... Mais que la volonté de Dieu soit
« faite !

« Toute votre famille, que j'étais si heureux de
« voir il y a quelques mois, sera bien peinée en
« apprenant cette triste nouvelle ; mais qu'elle se
« console au souvenir des vertus du bon et si re-
« gretté Père Barbe, vertus dont, je n'en doute
« pas, il doit déjà recevoir la récompense dans le
« ciel. De là il prie pour tous ses chers parents et
« pour la Mission.... »

Qu'ajouter à ces éloges qui tombent d'une
bouche si autorisée, à ces détails qui nous viennent
de celui qui fut le témoin intime de la vie du vénéré
missionnaire ?

« Je connais le P. Barbe depuis son noviciat,
« disait le P. Gauchy au P. Bareyt; il fut constam-
« ment le même, prêt à tout faire au moindre signe
« de l'obéissance, toujours généreux. Et ce dévoue-
« ment, il l'a gardé jusqu'à la fin de sa vie. Les
« Malgaches connaissaient son zèle et l'aimaient
« beaucoup...... Le vendredi soir, la veille du jour
« où il devait s'aliter, nous passâmes ensemble la
« récréation, et il ne fut question entre nous que
« de choses de piété et de souvenirs du noviciat.
« Le Père était ravi, et la bouche en lui parlait de
« l'abondance du cœur.

« Une chose m'a particulièrement frappé chez
« le P. Barbe, continue le P. Gauchy, c'est sa
« régularité. Il avait ses heures déterminées pour
« les exercices spirituels, pour les diverses actions
« du jour ; même à la campagne, où la chose était
« plus difficile, il menait presque la vie de com-
« munauté. »

« Je me flatte, nous écrit d'Espagne un jeune
« Malgache exilé, Venance Manifatra, venu en
« France pour s'initier, dans la Compagnie de Jésus,
« aux secrets du ministère évangélique qu'il veut
« exercer, dans un avenir prochain, sur la terre de
« Madagascar, je me flatte d'avoir été l'enfant
« privilégié de l'excellent P. Barbe, qui a fait en
« partie mon éducation chrétienne, qui avait pour
« moi une affection toute particulière, et que
« j'aimais moi-même d'un amour sans limite. Je
« puis le dire en toute vérité, et avec l'accent de
« la reconnaissance : si j'ai aujourd'hui un amour
« un peu filial envers notre douce Mère du ciel,
« je le dois en grande partie à mon bien-aimé
« P. Barbe. Je n'oublierai jamais une mémorable
« soirée passée près de lui. Nous étions entre Nossi-
« Comba et Nossi-Bé ; il était bien tard, la mer
« était unie comme une glace, et la lune brillait au
« firmament. Tout à coup le P. Barbe, pour nous
« récréer, se met à nous raconter avec une expres-
« sion de visage impossible à décrire et une parole
« céleste les grandeurs de Marie ; et puis, tandis
« que notre esquif voguait doucement sur la mer,
« il entonne l'*Ave maris Stella*. Oh ! qu'il était
« alors beau à voir ! Des larmes d'attendrissement
« montent à mes yeux au souvenir de ce Père, de
« ce grand ami de Dieu, auquel mon âme est rede-
« vable de tant de bienfaits. »

« Nous sommes dans la plus grande affliction,
« s'écrie à son tour le P. Cros, dans une lettre
« que la bienveillance de son frère a bien voulu
« nous communiquer. Le bon P. Barbe vient de
« mourir, et le P. Cazet peut dire qu'il a perdu un
« des piliers de sa Mission.

« J'ai eu la grâce insigne de faire mon noviciat
« avec ce saint et aimable Père. Aucune vertu ne
« lui manquait : tous admiraient son ingénuité,
« son humilité si simple, sa charité si riante et.si
« dévouée, et nul ne remarqua en lui un défaut.
« Nous lui devons tous ce que nous avons de
« dévotion au glorieux saint Joseph. Après avoir
« lu un livre sur les grandeurs de l'admirable pa-
« triarche, il se sentit comme enflammé d'amour
« pour lui, et de zèle pour le faire connaître et.
« aimer. Ses paroles et son exemple nous impres-
« sionnèrent vivement, et nous devînmes, grâce à
« lui, serviteurs et fils dévoués de saint Joseph.
« Plus tard, à Vals, il détermina plusieurs d'entre
« nous à faire le vœu de propager, selon nos forces
« et les occasions que Dieu nous en donnerait, la
« dévotion au glorieux protecteur de l'Eglise ;
« pour lui, il en est demeuré jusqu'à la mort
« l'ardent propagateur.

« A-t-il donc souffert pendant sa vie !... Si quel-
« qu'un a semé dans les larmes, c'est bien lui :
« il a été le saint Jacques de Madagascar, et je
« crois que les postes qu'il occupa seront un jour
« des centres de chrétientés florissantes. Quelque
« temps avant le désastre, il me disait d'un air
« rayonnant : Je ne désespère pas de sortir de la
« bataille avec la grâce du martyre. Peu s'en fal-
« lut que ses vœux ne fussent réalisés : il fut un
« des plus menacés, et un Malgache, s'il n'avait

« été arrêté, allait le surprendre et le tuer avec
« un gros pieu.

« Les chrétiens de ses différents postes l'esti-
« maient et l'aimaient extraordinairement ; on le
« vit bien quand il dut les quitter ; ils assiégeaient
« sa case, ils voulaient le garder jour et nuit ;
« tous le pleurèrent, et la désolation fut générale.
« Dieu, qui s'est montré si riche en miséricorde
« à son égard, lui a accordé une grande grâce en
« lui envoyant la mort si prompte et si imprévue
« qui l'a frappé, car il ne pensait qu'avec grande
« frayeur au terrible passage. Que de fois il m'a
« fait part de ses alarmes à ce sujet! Oh! la mort!
« me disait-il, Père Albert! qui me délivrera du
« jugement? Il y est arrivé sans s'en douter ; et
« après sa sainte vie, il a dû trouver en Dieu non
« pas un juge, mais un Père. »

Le P. Barbe a essayé de passer sans bruit dans
le monde, et cependant il est peu d'ouvriers évangéliques, à notre avis, dont le nom ait été aussi
acclamé. L'*Univers* annonçait la mort de ce pauvre
missionnaire qui, en même temps qu'il avait ré-
pandu sur la terre infidèle la lumière de l'Evangile,
avait si noblement relevé en pays étranger le drapeau de la France. Le *Pèlerin*, ce vaillant petit
journal qui va porter chaque semaine dans des milliers de familles, avec le récit de nos grandes mani-
festations religieuses et l'édification d'une lecture
pleine de charme et de piété, les actions d'éclat
des grands amis de Dieu, saluait cette belle figure
d'apôtre et exaltait son nom. Les *Missions catholiques*, dans la notice biographique qu'elles lui
ont consacrée, le montrent poursuivant comme le
Bon Pasteur les brebis égarées, et résument d'un
mot sa vie tout entière, sur la terre de Madagascar :

le P. Barbe fut un vrai *chasseur d'âmes*. Toute la presse départementale, sans distinction d'opinion, s'est inclinée devant la tombe de ce véritable civilisateur, dont tous les efforts avaient tendu à rehausser l'honneur de notre patrie dans les contrées lointaines. Et quand le douloureux message est venu nous apprendre que le champ du Père de famille à Madagascar avait perdu un de ses plus infatigables ouvriers, tous ceux qui ont connu le P. Barbe se sont écriés : C'était un saint! C'est la parole qui a été dite à Doazit avec un merveilleux accord par tous ceux qui le connurent dans son enfance et sa jeunesse sacerdotale ; tous ses maîtres et ses condisciples l'ont répétée, elle s'est trouvée sur les lèvres de nos séminaristes après la lecture qui leur a été faite par leur vénéré supérieur des deux lettres si intéressantes qui nous sont venues de Tamatave ; nous avons surtout été heureux de la relever dans la correspondance du P. Caussèque, qui était le compatriote, le condisciple, l'ami intime et le confesseur du P. Barbe. La lettre qu'il a bien voulu nous écrire de l'île de la Réunion, où la persécution l'a jeté, a une si grande valeur à nos yeux, elle résume si bien tout ce que nous avons dit, que nous voulons la transcrire.

« Saint-Denis, 7 novembre 1884.

« Monsieur l'Abbé,

« Je ne puis m'empêcher de vous dire qu'en
« rendant hommage à la mémoire de votre oncle
« justement vénéré, le R. P. Barbe, vous avez fait

« une bonne œuvre ; car on ne peut lire le
« récit de ses vertus sans éprouver le désir de l'i-
« miter ; et la lecture de cette vie d'un saint ne pourra
« manquer d'être l'objet d'une grande édification,
« soit en France, soit à Madagascar. Je veux,
« pour ce qui me concerne, vous témoigner toute
« ma reconnaissance en vous envoyant quelques
« lignes dont je vous autorise à faire l'usage que
« vous voudrez.

« Nous nous sommes rencontrés pour la pre-
« mière fois sur les bancs de la classe de cin-
« quième ; depuis cette époque, nous avons presque
« toujours vécu ensemble. Son souvenir me rap-
« pelle sans cesse les belles choses que l'on nomme
« piété, régularité, obéissance, zèle. Élève, je le
« vis toujours rangé du côté du devoir ; je ne me
« souviens pas de l'avoir trouvé en faute. Au pe-
« tit séminaire, il faisait partie de la congrégation
« des saints Anges ; on voyait déjà percer en lui
« cette piété tendre qui devait être plus tard un des
« traits caractéristiques de sa vertu. Nul ne fut
« plus ardent que lui pour organiser le pèlerinage
« qui devait mener toute notre classe aux pieds de
« Notre-Dame de Buglose avant notre entrée au
« grand séminaire.

« Je le précédai d'un an au noviciat de Tou-
« louse, ce qui me valut l'honneur d'être choisi
« pour lui donner la retraite préparatoire à son ad-
« mission parmi les novices. Il m'apparut alors tel
« que je l'ai toujours connu depuis ; pieux, docile,
« plein de ferveur et de générosité. Dès le début
« de sa vie religieuse, sa place fut marquée parmi
« les plus fervents ; j'eus occasion d'admirer son
« union à Dieu, son recueillement au milieu des
« travaux manuels, son esprit d'abnégation. Un

« jour, son obéissance fut mise à une rude épreuve;
« on le chargea de diriger les chants. Cet office
« l'obligeait à beaucoup de démarches peu com-
« patibles avec le recueillement dont il s'était fait
« une sainte habitude. Volontiers il se serait tenue
« comme Marie-Madeleine aux pieds du Sauveur ;
« mais on le forçait de prendre les sollicitudes de
« Marthe. Ce fut pour lui un grand sacrifice, et je
« crois que le noviciat ne lui infligea aucune peine
« plus sensible. N'importe : notre généreux novice
« embrassa cette croix, et il la porta noblement
« pendant plusieurs mois. Plus tard il me disait
« gaiement : En me laissant la musique, vous ne vous
« doutiez pas que vous m'attachiez au pied un
« boulet dont le poids devait toujours aller gran-
« dissant.

« Après son noviciat, le Frère-Barbe vint me re-
« joindre au collège de Saint-Gabriel, à Saint-Af-
« frique. Professeur et surveillant, il sut remplir
« tous les devoirs de sa nouvelle carrière sans rien
« perdre de la ferveur du novice. La vie du jeune
« scolastique au collège est une épreuve terrible;
« il y a des offices qui entraînent le religieux inex-
« périmenté vers la dissipation extérieure. Tel est
« l'office de surveillant : la modestie du novice ne
« lui convient pas à la lettre. Il est de son devoir
« de tenir toujours les yeux fixés sur ses élèves ;
« souvent il lui faudra prendre part à leurs jeux ;
« durant la promenade, le pas gymnastique sera
« quelquefois imposé par les circonstances. Il y a
« quelque chose de la vie militaire dans la vie du
« surveillant. En cas d'indiscipline, il faut montrer
« de l'énergie. Heureux les religieux fervents
« qui savent traverser cette période critique sans
« prendre trop de désinvolture ! Le Frère Barbe

« fut un de ces rares privilégiés qui possèdent le
« secret de se prêter aux œuvres extérieures sans
« s'y livrer entièrement. Que de fois, en le voyant,
« durant les récréations ou pendant l'étude, cher-
« cher par des paroles apostoliques à ramener un
« élève indocile avec cet air de piété calme et
« douce qui m'a toujours frappé en lui, je me di-
« sais : en voilà un que les occupations de l'ensei-
« gnement et de la surveillance ne détournent pas
« de son but. Ah! c'est qu'il avait bâti sa de-
« meure sur la pierre inébranlable. Il était pieux
« et solidement pieux; à l'école de la piété du no-
« viciat son cœur était devenu comme de « l'or
« enflammé »; l'épreuve de collège devait être le
« creuset destiné à l'enflammer davantage. On lui
« confia les emplois qui ont directement trait à la
« piété, tels que le soin des enfants de chœur et des
« congrégations. Pendant les vacances de 1857,
« j'eus le bonheur de faire avec lui le pèlerinage de
« N.-D. de Ceignac et puis celui de N.-D. d'Orient.
« C'étaient de longs voyages à pied au-dessus de
« ses forces; mais son amour pour la bonne Mère le
« soutenait visiblement. Jamais je n'oublierai les
« saintes conversations qui adoucirent les fatigues
« de la route. Nos compagnons de pèlerinage, les
« PP. Léonard Cros et Forestier, ne me démenti-
« ront pas quand je leur dirai : N'est-il pas vrai que
« notre cœur était plein de ferveur lorsqu'il nous
« parlait dans le chemin ?... Les Supérieurs ne
« trouvèrent pas de subordonné plus soumis et plus
« édifiant; ils surent l'apprécier. Parmi les élèves,
« il y eut plusieurs vocations religieuses : la douce
« influence des vertus du F. Barbe n'y fut pas
« étrangère.

« En 1862, le scolasticat de Vals nous réunit

« de nouveau, et nous nous retrouvâmes plus tard
« dans la maison de Laon; il mit parfaitement en pra-
« tique la devise de notre Père instructeur: « *Opus*
« *ejus coram eo* ». Il n'avait pas, comme d'autres,
« beaucoup d'efforts à faire pour se recueillir. Dans
« toutes les phases de sa vie religieuse, au collège
« comme au noviciat et au scolasticat, il avait
« montré une fidélité exemplaire pour les exerci-
« ces de piété. Tertiaire de saint François, il acheva
« de mûrir cette union à Dieu qui lui était déjà
« familière, et sans laquelle le missionnaire risque
« de n'être « qu'un airain sonnant et une cymbale
« retentissante ». Il aurait désiré passer l'année
« entière dans cette maison bénie ; car son âme
« avait toujours faim et soif de la justice ; mais
« l'obéissance l'appelait à la mission de Mada-
« gascar.

« Que dirai-je de cette dernière étape de l'intré-
« pide et toujours pieux missionnaire ? Pendant
« dix ans, je l'ai vu à l'œuvre à la ville et à la
« campagne. Son exemple me rappelait ces belles
« maximes de l'Évangile : Cherchez avant tout
« le royaume de Dieu et sa justice…. La piété est
« utile à tout.

« Entre autres choses, j'ai eu souvent occasion
« d'admirer sa régularité, son obéissance et sa
« ferveur. Malgré de fréquentes indispositions, il
« faisait toujours ses exercices de piété; toujours
« il était prêt pour les ministères de la prédication
« ou des missions les plus pénibles ; sa piété m'a
« paru exempte de ces défaillances qui se rencon-
« trent parfois même chez de bons religieux. On
« disait de ses discours au peuple qu'ils étaient
« chauds. Sa correspondance m'a toujours édifié.
« Que de communications écrites de sa main et

« dans des circonstances où la négligence eût été
« bien pardonnable me sont passées sous les yeux !
« Eh bien ! le dirai-je ? tout était toujours rédigé
« et peint avec un soin exquis ; les plus petits billets
« du missionnaire déjà usé par les travaux aposto-
« liques étaient parfaitement écrits. Pour ceux qui
« savent combien, dans les missions de la campagne,
« le défaut d'installation, la multitude des préoc-
« cupations rendent difficile le travail d'une cor-
« respondance quelconque, ce trait de la vie de no-
« tre bon Père ne paraîtra pas insignifiant ; on y
« verra une preuve de cette ferveur qui ne l'aban-
« donna jamais.

« Je n'en finirais pas si je voulais tout dire ; un
« mot résumera toute la vie du P. Barbe, comme
« il résume celle du Maître dont il a si bien suivi
« les exemples : il a bien fait toutes choses. »

Nous le répétons, nous apprécions plus que
nous ne saurions le dire, cette lettre rédigée par la
vaillante plume qui pendant plusieurs années a
tenu en respect l'audace des prédicants anglais de
Tananarive, et dictée par un cœur qui connut les
secrets les plus intimes et l'âme du P. Barbe ; son
autorité est, à nos yeux, la confirmation de tout ce
que nous avons dit. Aussi, grande fut la satisfaction
que nous éprouvâmes lorsque la Malle de la Réunion
du mois de décembre nous apporta ces précieux
détails que nous garderons comme un trésor.

Nous garderons aussi avec un non moins religieux
respect et une reconnaissance filiale la lettre toute
pleine de cœur que M. Mouton a bien voulu nous
écrire. quelques jours après le douloureux événement.

Nous demandons pardon à M. le Grand Vicaire

de la liberté que nous prenons de transcrire ici les lignes qu'il a bien voulu nous adresser et qui ont été pour nous la source des plus douces consolations.

C'est par elles que nous finirons, et elles couronneront d'une manière éclatante les éloges si mérités que nous décernons à la mémoire du P. Barbe.

ÉVÊCHÉ   « Aire, le 10 décembre 1883.
d'Aire

—

« Mon cher Monsieur l'Abbé,

« C'est avec la plus grande émotion que j'ai lu
« en présence de Sa Grandeur qui la partageait,
« les détails si touchants et si édifiants contenus
« dans les deux lettres que vous avez bien voulu
« me communiquer. Mais si je n'ai pu m'empê-
« cher de prendre part à votre peine et à celle
« des vôtres, et de regretter un instant qu'une si
« belle âme nous ait quittés, d'un autre côté il m'a
« été impossible de ne point m'écrier avec nos
« Saints Livres : Que la mort des justes est belle et
« précieuse en présence du Seigneur !

« Je me représente ce rivage où votre cher
« oncle a rendu le dernier soupir, et où j'ai reçu
« autrefois une si fraternelle hospitalité ; j'assiste
« d'ici à tous les détails de ses derniers jours sur
« la terre ; j'entends son dernier sermon à l'église
« de Tamatave ; je prends part à ses derniers
« entretiens qui rappellent ceux des saints ; je le
« vois enfin, muni de tous les secours, fortifié par
« toutes les consolations de la religion, expirer au
« milieu de ses frères, le sourire sur les lèvres, et

« je me prends à faire ce souhait : puisse ma fin
« ressembler à la sienne ! Cette mort n'est-elle
« pas en effet digne d'envie ? Il meurt sur un
« rivage voisin d'une terre où il a versé tant de
« sueurs pour les âmes, et qui lui rappelle à pro-
« pos celui de l'éternité bienheureuse.

« C'est bien ainsi et dans cette profonde paix
« que devait mourir celui qui avait toujours vécu
« dans la pratique la plus parfaite, au rapport de
« ses Supérieurs et de tous, de l'humilité et de
« l'obéissance , ces deux vertus gardiennes par
« excellence de la paix du cœur.

« A la vue de cette tombe lointaine, qui ne sera
« pas solitaire au reste, mais fidèlement gardée
« par la reconnaissance et l'amitié, et qui un jour
« sera le berceau d'un élu, cessez de pleurer, mon
« cher enfant, vous et les vôtres. Si vous avez perdu
« pour quelques jours de cette triste vie d'ici-
« bas un oncle chéri, un parent, modèle de vertu,
« dont tous les conseils vous portaient au bien, ses
« exemples du moins, couronnés par une si sainte
« mort, parleront plus haut que jamais à votre
« cœur. Sa couronne vous invite à le suivre, et ses
« prières vous y aideront.

« Je garderai religieusement et fidèlement pour
« ma part, tant que je vivrai, le souvenir si édifiant
« du Père Barbe, comme celui d'un très saint prê-
« tre, d'un très fervent disciple de saint Ignace,
« digne en tout de cette réunion d'apôtres que
« j'ai vus de près, et dont le zèle et la charité
« héroïques sont à l'épreuve de tous les travaux
« et à la hauteur de tous les sacrifices.

« Je ne puis refuser mes prières au Père Barbe,
« parce que la Sainte Ecriture nous dit qu'il est

« bon et salutaire de prier pour les défunts ; mais
« je me sens plus porté à l'invoquer qu'à prier
« pour lui, et j'espère que le fils de Notre-Dame
« de Maylis et de Notre-Dame de Buglose, qui a
« dit sa dernière messe un samedi, qui a fait sa
« dernière instruction pour glorifier sa Mère du
« ciel, la Reine du Rosaire et du Paradis, est allé
« déjà la rejoindre dans la gloire.

« Faites part, je vous prie, de mes sentiments
« à vos chers parents, que je n'ai pas l'avantage
« de connaître, mais qui doivent être bien bons,
« puisqu'ils ont mérité d'avoir un frère tel que le
« Père Barbe. Je vous prie tous de ne pas oublier
« ce que la jeune martyre sainte Agnès disait à ses
« parents attristés, en leur apparaissant quelques
« jours après sa mort : Ne pleurez pas sur moi ;
« car je vis maintenant dans le ciel auprès de Ce-
« lui que j'ai tant aimé sur la terre.

« Recevez, bien cher Abbé, etc.

« MOUTON, *vicaire général.* »

Nous n'avons pas le courage de commenter cette
lettre ; elle dit le dernier mot, et nous n'avons
rien à ajouter.

Et maintenant nos désirs sont satisfaits. Nous
n'aurons pas, hélas ! la consolation de traverser les
mers pour nous incliner devant cette tombe qui
renferme pour nous le plus précieux des trésors,
ni d'épancher auprès d'elle nos prières avec nos
larmes. Mais il nous est bien doux d'obéir à un
besoin du cœur en déposant à l'ombre de la croix
de bois qui la protège ces humbles pages, dernier
témoignage de notre vénération sans bornes, de

notre respect, de notre reconnaissance et de notre amour.

Lorsque s'ouvriront les portes de Madagascar en ce moment fermées par la plus injuste des persécutions, les ouvriers évangéliques qui attendent, pour s'élancer à la conquête des âmes, le signal de la Providence, se précipiteront sur cette terre où ils ont laissé leurs espérances et leurs cœurs; les nouvelles recrues que Dieu prépare dans l'ombre pour prendre la place de ceux qui sont tombés, les y suivront. Mais les uns et les autres, avant de courir à de nouvelles victoires, viendront s'agenouiller sur le tertre qui garde la dépouille mortelle du P. Barbe, et demander à Dieu son esprit de foi, son zèle, son dévouement, son abnégation et toutes ses vertus. Bien que la main de la mort l'ait saisi, il leur parlera encore, et. s'il gardait le silence, il nous semble que l'ange gardien de sa tombe prendrait la parole pour leur dire, avec une signification plus élevée, ces mots gravés sur le monument funèbre d'un des plus illustres guerriers du XVIIe siècle : Arrêtez-vous ! la terre que vous foulez recouvre un héros !

Oui, le P. Barbe fut un héros ; et ceux qui viennent de parcourir ces pages n'auront pas de peine à en convenir : car un héros pour nous n'est pas seulement un homme d'une valeur extraordinaire qui obtient dans les combats d'éclatantes victoires, rend à ses concitoyens, au péril de sa vie, des services signalés, et exécute avec succès de grandes et périlleuses entreprises ; c'est surtout cet homme profondément humble qui, par amour pour Dieu, abandonne tout ce qu'il possède, ses biens, sa famille, sa patrie, et, sans rien attendre des hommes, s'en va sur les plages étrangères, n'ayant en perspective que les privations, les peines, les souffrances, la persécution et la mort, se dépenser et s'immoler obscurément pour Dieu et pour sa cause.

Tel fut le Père Barbe.

Que ses prières unies à celles des âmes qu'il a sauvées et forment en ce moment sa plus belle couronne, obtiennent à ses frères la consolation an milieu des épreuves qui traversent leur existence et paralysent leur zèle ; qu'elles affermissent les œuvres déjà établies ; qu'elles apportent un peu d'adoucissement à la peine de ceux que sa mort a plongés dans l'affliction ; enfin, qu'elles préparent à la Mission en ce moment si éprouvée de Madagascar une ère de prospérité qui assure en ces pays la réalisation du plus ardent désir du Cœur de Jésus et de ses apôtres : l'extension du royaume de Dieu, et le salut des âmes !

POITIERS — TYPOGRAPHIE OUDIN.

BIBLIOTHEQUE NATIONALE DE FRANCE
3 7502 00840506 2

www.ingramcontent.com/pod-product-compliance
Ingram Content Group UK Ltd.
Pitfield, Milton Keynes, MK11 3LW, UK
UKHW021910070726
13613UKWH00001B/435